CÓMO DIBUJAR ANIME

TADASHI OZAWA

3 Acciones cotidianas

NORMA
Editorial

CÓMO DIBUJAR ANIME 3: ACCIONES COTIDIANAS. (Col. Biblioteca Creativa nº15). Abril 2003. Publicación de NORMA Editorial, S.A. Fluvià, 89. 08019 Barcelona. Tel.: 93 303 68 20 - Fax: 93 303 68 31. E-mail: norma@normaeditorial.com. How to Draw Anime & Game Characters Vol.3: Expressing Emotions © 1999 by Tadashi Ozawa. First published in Japan in 1999 by Graphic-sha Publishing Co., Ltd. This Spanish edition was published in Spain in 2003 by NORMA Editorial, S.A. El resto del material así como los derechos por la edición en castellano son © 2003 NORMA Editorial, S.A. Traducción: María Ferrer Simó. Maquetación: Estudio Fénix. ISBN: 84-8431-674-2. Depósito legal: B-4440-2003. Printed in the EU.

www.NormaEditorial.com

ÍNDICE

Introducción

Cuando diseñamos personajes, lo que todos querríamos es infundirles vida y movimiento. ¿Qué es lo que hace que un personaje se mueva con naturalidad y encanto? Éste es un punto muy importante últimamente en la creación de personajes en tres dimensiones para Computer Graphics. El movimiento (*motion*) es una sucesión de posturas. Lo más importante es cada movimiento individual, dónde cortar, qué mostrar en la página y que el personaje tenga vida. Es como dirigir al personaje, y ahí es donde el dibujante se convierte en director de cine.

En este volumen encontraréis todo lo referente a posturas, actitudes, cómo usarlas y cómo conseguir los efectos que buscáis para vuestros personajes. Saber dibujar las acciones cotidianas es fundamental para crear personajes de manga, anime y videojuegos.

Capítulo PRIMERO
FUNDAMENTOS DEL DISEÑO DE PERSONAJES
LA PERSPECTIVA

Capítulo **1**

Fase 1: El personaje desde el mismo nivel

Hacer un dibujo es muy parecido a lo que en cine se llama "hacer una toma".
La cámara (nuestro punto de vista) está a la misma altura que los ojos del personaje, a menos que haya algún tipo de perspectiva. Cuando un personaje se acerca, a nuestros ojos parece más grande en relación con la escena y, si se aleja, parece más pequeño. Para saber qué proporción hay que darle al personaje, es necesario repasar los principios de la perspectiva.

Altura de la cámara = nivel de los ojos del personaje o línea del horizonte

Esta regla no tiene nada que ver con que en el fondo haya un horizonte o no. Pero la regla no es válida si queremos utilizar algún tipo de perspectiva especial.

NO OLVIDES ESTA LÍNEA.

¡¡ES BÁSICA!!

LAS REGLAS BÁSICAS

En una situación normal, el personaje, esté donde esté, tiene los ojos por encima de la línea del horizonte.

EL TAMAÑO ESTÁNDAR DEL PERSONAJE

El tamaño de los personajes es proporcional al del protagonista. Por ejemplo, los malos pueden ser 1,2 veces más grandes y, los buenos, el doble. En este recuadro, A es el protagonista.

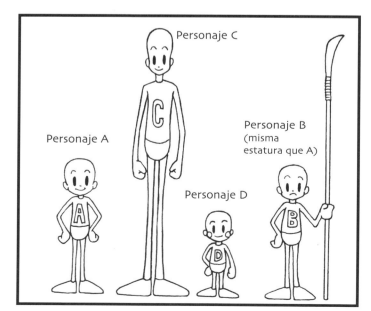

Personaje C

Personaje A

Personaje B
(misma estatura que A)

Personaje D

Escoger el punto de fuga

Un personaje que se aleja llegará a un punto en el que ya no se le vea. Ese punto se llama punto de fuga.

Las líneas que nacen en la parte superior de la cabeza y en el punto en que los pies tocan el suelo son las líneas de perspectiva. Son las que servirán de guía para todo el dibujo.

Si dos personajes tienen la misma estatura y están al mismo nivel, se les aplicara el mismo porcentaje de perspectiva y las mismas líneas.

El personaje C mide el doble que el personaje A, y cuanto más lejos está, más pequeño se hace, pero siempre manteniendo la proporción del doble con respecto al protagonista.

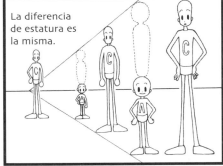

El personaje D, que es la mitad, por muy pequeño que se vea a lo lejos, siempre tendrá la mitad de la estatura del personaje A.

Desplazamientos simples

Mientras haya un punto de fuga y unas líneas de perspectiva, el personaje se puede mover.

DESPLAZAMIENTO HORIZONTAL

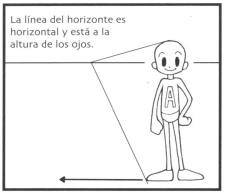

La línea del horizonte es horizontal y está a la altura de los ojos.

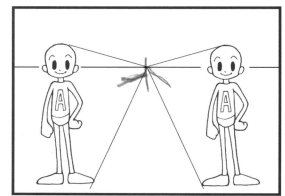

Se dibuja una línea horizontal desde el pie hasta el punto donde se quiera colocar al personaje.

Basta con colocar al personaje con los ojos a la altura del horizonte y el pie en la línea de perspectiva.

DESPLAZAMIENTO HACIA ATRÁS EN DIAGONAL

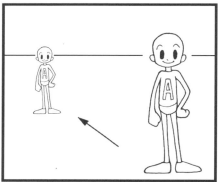

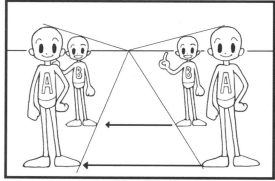

Primero se desplaza hacia atrás y luego hacia un lado.

Al retroceder, disminuye, pero al moverse hacia un lado no cambia.

PARA MOVER UN PERSONAJE AL AZAR

Se escoge el punto de fuga

(a)

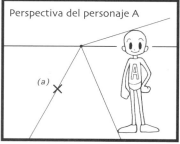

Perspectiva del personaje A

(a)

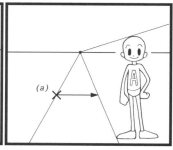

(a)

Se señala un punto *(a)* de destino.

Se traza una línea que parta del punto de fuga y pase por *(a)*.

Se traza una línea desde *(a)* hasta la línea de perspectiva del personaje A.

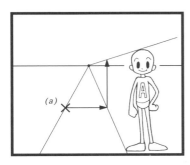

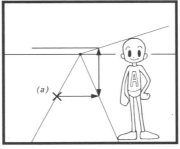

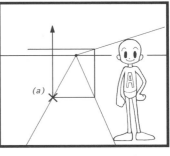

Se traza una línea vertical desde el punto de intersección.

Esa línea vertical equivale a la estatura del personaje A cuando se halla en el punto (a).

Se traza una línea vertical.

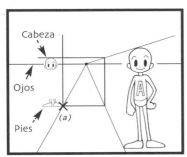

Para que el dibujo sea correcto, esa línea debe pasar por los puntos donde deberían estar la cabeza, los ojos y los pies.

Ocurre lo mismo tanto con los personajes más grandes como con los más pequeños. El espacio vertical entre las líneas de perspectiva es la estatura de los personajes. Los ojos siempre están en la línea del horizonte.

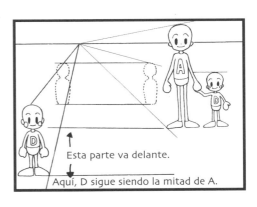

¡No lo olvides!

Aunque tu personaje esté en un plano corto como éste, las reglas de la perspectiva no cambian. Esta composición destaca, por encima de todos, al personaje A.

En estas dos escenas, el centro de atención son los personajes C y D en vez de A. Para que ello quede claro al espectador, el nivel de los ojos del personaje central tiene que coincidir con la línea del horizonte.

QUÉ HACER EN ESTOS CASOS

Esta altura no debe ser demasiado breve.

Edificios: Hay que pensar en proporción al personaje A. Las líneas de perspectiva se dibujan de la misma manera que en el caso del personaje C de la página anterior.

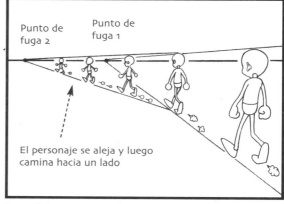

Punto de fuga 2   Punto de fuga 1

El personaje se aleja y luego camina hacia un lado

Describir una curva al caminar: Hay que plantear un punto de fuga 2 basado en el ángulo de la curva, de lo contrario el tamaño puede estar equivocado.

¡Todas las líneas convergen aquí!

El ancho del suelo: Si quieres que la anchura del suelo sea el doble de la altura del personaje A, debes trazar líneas a izquierda y derecha del personaje. Las líneas deben partir del punto de fuga y tocar tangencialmente la cabeza de los personajes que hay tumbados. Hay que tener cuidado de que el punto de fuga esté en la línea del horizonte.

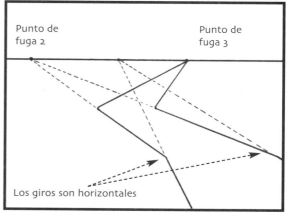

Punto de fuga 2   Punto de fuga 3

Los giros son horizontales

Un camino curvo: Al igual que con los personajes que giran, se debe establecer un punto de fuga para el ángulo de la curva.

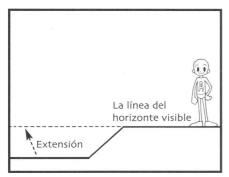

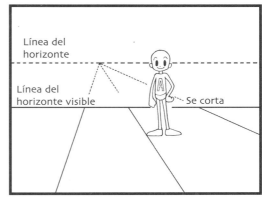

Montículos: No es lo mismo la línea del horizonte visible que la línea del horizonte real. Para encontrar el punto de fuga, se extiende la línea del montículo.

SALTAR Y AGACHARSE

Esto es un rectángulo. Para encontar su centro, trazamos las diagonales.

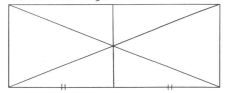

Cuando vemos algo desde un plano oblicuo, es fácil confundir las distancias.

El rectángulo se divide en cuartos.

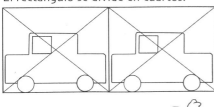

Es igual cuando se ve en oblicuo, pero parece distinto.

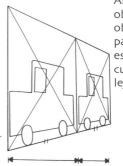

Al ver un objeto en oblicuo, parece más estrecho cuanto más lejos está.

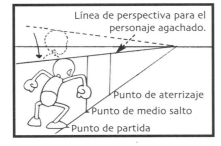

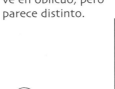

Esto serían 15 metros

2-3 m.

Lo mismo ocurre con el punto de aterrizaje de un salto. Hay que dibujarlo en perspectiva.

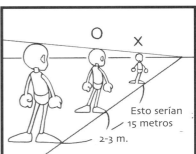

Línea de perspectiva para el personaje agachado.

Punto de aterrizaje
Punto de medio salto
Punto de partida

Para dibujar un salto hay que tener claro el punto de partida, el punto de medio salto y el punto de aterrizaje. Una vez establecidas estas fases, se dibuja el personaje agachado. Se traza la línea de perspectiva que va de la cabeza al punto de fuga. De este modo la altura será correcta en la fase de aterrizaje.

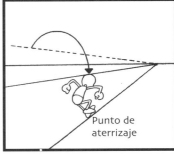

Punto de aterrizaje

Cuando el cuerpo se inclina o cambia de dirección, el dibujo también. Esto se debe a que la perspectiva del cuerpo altera la forma. Todas las partes de cuerpo tienen un volumen, y unas líneas de perspectiva. Se puede pensar en ellas como en cubos.

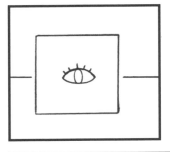

De frente: La altura de los ojos (de la cámara) es el equivalente a la mitad del cubo, y corresponde a la línea del horizonte. En este caso, el cubo tapa el punto de fuga, que no se ve.

Pero si desplazamos un poco el cubo, el punto de fuga se descubre.

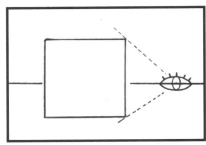

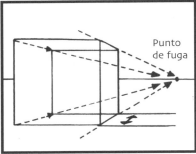

Punto de fuga

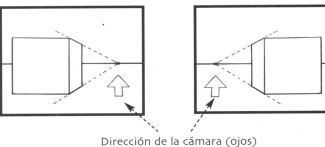

Dirección de la cámara (ojos)

Las líneas que van desde los vértices del cubo al punto de fuga son las líneas de perspectiva del cubo.

Las líneas de perspectiva varían en función de la dirección de la cámara.

CAMBIO DE PLANO

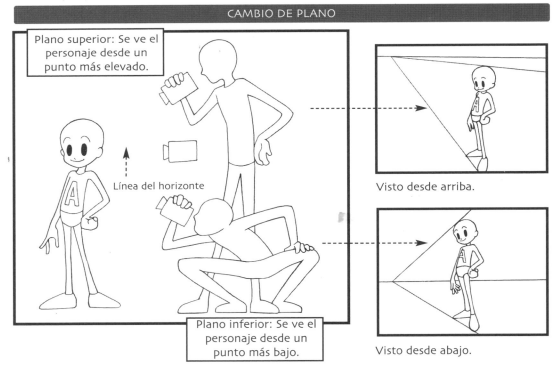

Plano superior: Se ve el personaje desde un punto más elevado.

Línea del horizonte

Plano inferior: Se ve el personaje desde un punto más bajo.

Visto desde arriba.

Visto desde abajo.

Vamos a utilizar como ejemplo una sandalia de madera japonesa. Si se mira desde arriba, se ven las tiras para los dedos. Si se mira desde abajo, se ve la suela. No sólo cambia la perspectiva pasando el plano de izquierda a derecha, sino también cuando cambia de arriba a abajo.

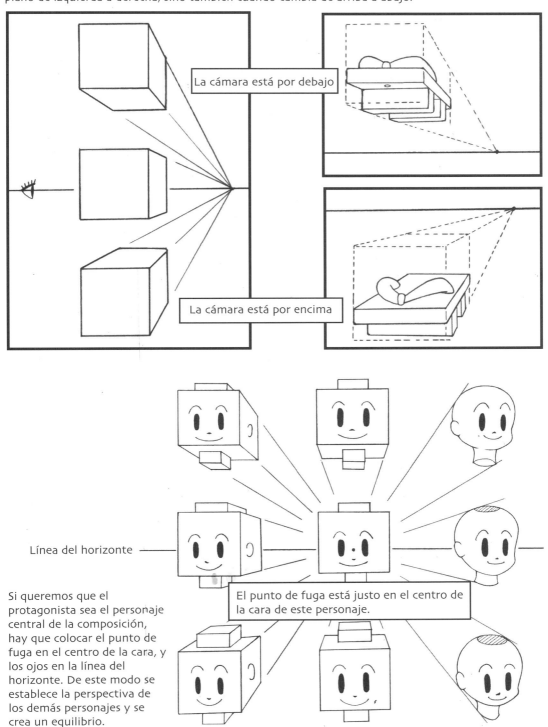

La cámara está por debajo

La cámara está por encima

Línea del horizonte

Si queremos que el protagonista sea el personaje central de la composición, hay que colocar el punto de fuga en el centro de la cara, y los ojos en la línea del horizonte. De este modo se establece la perspectiva de los demás personajes y se crea un equilibrio.

El punto de fuga está justo en el centro de la cara de este personaje.

Estos dibujos parecen correctos a primera vista, pero en realidad tienen fallos de perspectiva.

La estatura de A y B es la misma y, sin embargo...

1. La altura de los ojos no coincide.

2. Si se trazan las líneas de perspectiva, se ve que el personaje B no es lo bastante alto.

La cabina telefónica es demasiado grande

La cabina es la clave. Hay que alargar la parte superior de la cabina hacia el punto de fuga. Desde el punto de fuga, se trazan las líneas de perspectiva. Vemos que el personaje A debería ser mucho más grande.

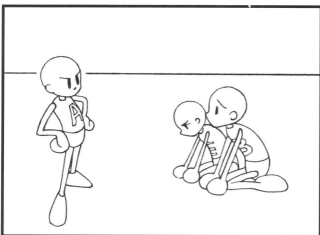

Distintos puntos de fuga

Los personajes se han dibujado cuidadosamente, pero sigue habiendo un fallo. El personaje A está en un plano inferior, mientras que los personajes B y E están en un plano superior y los vemos desde abajo. Los puntos de fuga también son distintos.

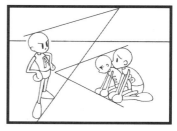

La posición de la mesa queda rara

Aunque la perspectiva de los personajes A y B está bien, la de la mesa no concuerda con ella.

Punto de fuga

La línea del horizonte no cuadra con la perspectiva

No es un plano superior, pero la línea del horizonte está por debajo de la altura de los ojos del personaje. Y si se trazan las líneas de perspetiva, se ve que la estatura del personaje se queda corta.

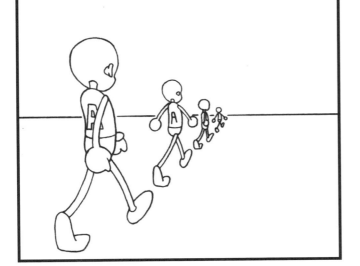

Punto de fuga

La perspectiva corporal no cuadra

Primero se trazan las líneas de los hombros y caderas de A hasta el punto de fuga. El persona B, que en teoría tiene la misma estatura que A, no tiene ni las caderas ni los hombros en esas mismas líneas. Por otra parte, el personaje D mide la mitad que A, y aquí parece que esté flotando.

Consejos de
un joven creador

Hiroyuki Miyazaki

Fecha de nacimiento:
3 de junio de 1973
Tokio

Cuando terminó los estudios en una escuela de formación profesional, Hiroyuki empezó a trabajar como ayudante de un dibujante de manga y, al mismo tiempo y por su cuenta, empezó a colaborar como grafista para numerosos videojuegos. También ha colaborado en libros de ilustraciones, juegos de cartas y en proyectos de color para computer graphics. Hoy en día trabaja en una empresa de software de Tokio.

¿Que qué hay que hacer para dibujar mejor? Pues yo, que quiero convertirme en un profesional de verdad, todavía le estoy dando vueltas a esa cuestión. Yo voy probando y practicando, y sigo cometiendo errores, así que cuando me pidieron que os diera algún consejo, pensé que quizás yo también lo necesitara. Creo que dibujar es muy difícil. No puedo dar una respuesta completa, pero al menos os diré lo que para mí ha funcionado.

1. Ir comparando parte por parte (por ejemplo, haciendo un cuaderno de diseños).
Seguramente tenéis algún ilustrador que os parezca especialmente bueno. Copiad sus ilustraciones. Analizad después vuestros dibujos comparando parte por parte toda la composición. Y no lo miréis como producto acabado.
Yo miro un dibujo mío y me pregunto: ¿qué líneas están bien? ¿Qué tiene mi dibujo de distinto, pero que quede bien? Miro el dibujo parte por parte, y las analizo. No es difícil.
Y además, para idear una pose, siempre me remito al muñeco articulado y comparo. Observar las diferencias es muy interesante.

2. Es importante pasar a limpio siempre.
Aunque el boceto sea malo, hay que pasarlo a limpio. Así, aunque el original sea malo, se pueden ver los fallos a primera vista. Para mejorar, hay que ser capaz de encontrar los puntos débiles y de corregirlos por separado.

Aunque las zonas problemáticas abunden en vuestros dibujos, no os deis por vencidos. El no ya lo tenéis. Así que, ¡a por todas!

Capítulo SEGUNDO
Movimientos básicos

Capítulo **2**

Las acciones cotidianas son posturas que adoptamos en la rutina diaria. Es un término que se utiliza con frecuencia en el mundo de la animación y de los videojuegos. Normalmente el dominio de las acciones cotidianas prueba la maestría del artista. En animación, se dan escenas con acciones dramáticas protagonizadas por robots gigantes o por luchadores callejeros. No es fácil percibir los detalles del movimiento a simple vista. Lo que importa es transmitir la imagen del movimiento.

Esto es un efecto que comunica una velocidad extrema.

Aquí no da la impresión de estar corriendo.

Si el dibujo representa una acción normal y corriente, pero no está clara o no consigue comunicar lo que está ocurriendo, el trabajo no servirá. Es más difícil dibujar acciones cotidianas que acciones dramáticas.

Nadie maneja así los palillos.

Así queda más verídico.

Si hay errores en la forma de sujetar el cuenco de arroz o los palillos, si dibujamos una persona cansada con la espalda recta, el conjunto entero estará mal porque no transmitirá la intención del dibujo.

Este dibujo está muy esquematizado, pero así es como coge los palillos un niño.

En este dibujo, que no es mucho más complicado (tiene el mismo número de líneas), vemos que el gesto se vuelve más natural con sólo cambiar la posición del dedo y de los palillos.

Nadie repite las acciones exactamente en su vida cotidiana, y lo mismo ocurre con los dibujos. Las posturas y gestos varían con el personaje. Y cada personaje adoptará posturas distintas en función de la situación.

¡¡QUE ME VOY A CLASE!!

Nadie suele hacer estas cosas sin sentido.

VAMOS A CLASE.

En cambio, esta actitud es más natural.

LA ACCIÓN ES LA MISMA: CAMINAR. PERO LAS CONDICIONES ESTÁN MUY CLARAS. EL LECTOR INCLUSO SE PREGUNTA QUÉ HABRÁ PASADO.

No hay que contentarse con dibujar ángulos y posturas fáciles, sino desarrollar una gran variedad de gestos y acciones.

NO ES FÁCIL CONSEGUIR ESTE EFECTO PERO, POR SUERTE, LA POSTURA NO CAMBIA EN FUNCIÓN DEL SEXO NI DE LA EDAD.

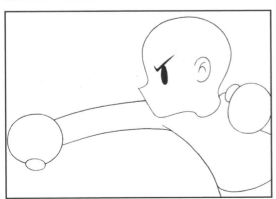

Para empezar, es necesario observar atentamente los gestos de la gente. A un personaje se le distingue de los demás dándole características como la forma de comer o la forma de andar. En este capítulo pondremos en práctica las técnicas para dibujar movimientos básicos y distintas acciones cotidianas.

Ésta es la postura estándar del personaje de pie.

Primero se traza un armazón de líneas y después se encajan los cubos para establecer la dirección de cada parte del cuerpo.

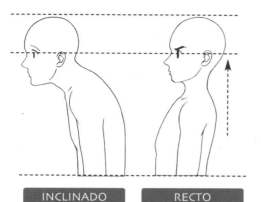

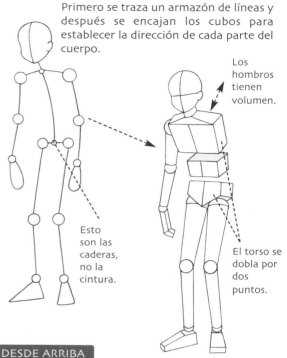

Los hombros tienen volumen.

Esto son las caderas, no la cintura.

El torso se dobla por dos puntos.

INCLINADO   **RECTO**

- Se exagera la curva de la espalda.
- El cuello y la espalda están proyectados hacia delante y la barbilla está casi a la altura de los hombros.
- La altura de los hombros no cambia (de lo contrario sería un gesto de decepción).

HORIZONTAL

La línea del hombro parte de la mandíbula.

MAL

¡Parece que esté estirando el cuello!

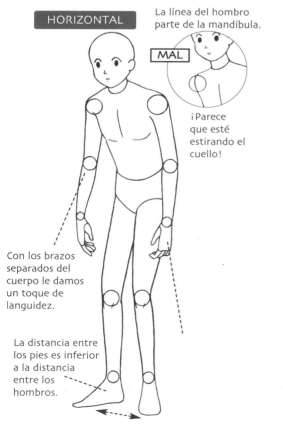

Con los brazos separados del cuerpo le damos un toque de languidez.

La distancia entre los pies es inferior a la distancia entre los hombros.

DESDE ARRIBA

La cara es lo que más se ve. Si está inclinado, se debe ajustar la expresión de la cara para que no exprese nada.

Desde arriba se ve esta parte.

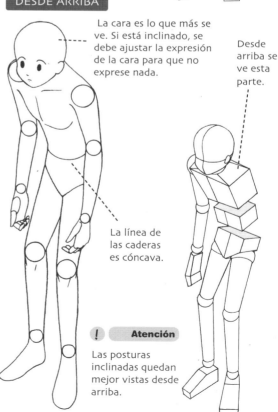

La línea de las caderas es cóncava.

!   **Atención**

Las posturas inclinadas quedan mejor vistas desde arriba.

DESDE ATRÁS

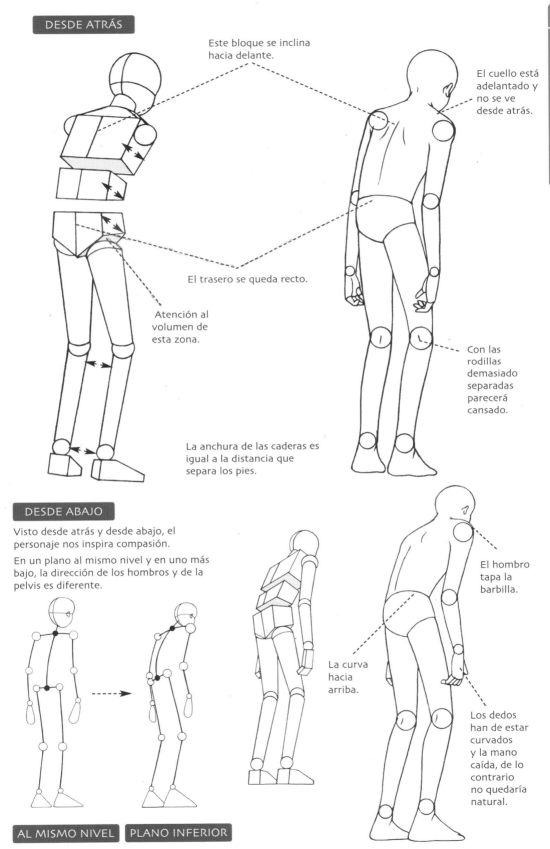

Este bloque se inclina hacia delante.

El cuello está adelantado y no se ve desde atrás.

El trasero se queda recto.

Atención al volumen de esta zona.

Con las rodillas demasiado separadas parecerá cansado.

La anchura de las caderas es igual a la distancia que separa los pies.

DESDE ABAJO

Visto desde atrás y desde abajo, el personaje nos inspira compasión.

En un plano al mismo nivel y en uno más bajo, la dirección de los hombros y de la pelvis es diferente.

El hombro tapa la barbilla.

La curva hacia arriba.

Los dedos han de estar curvados y la mano caída, de lo contrario no quedaría natural.

AL MISMO NIVEL   PLANO INFERIOR

El personaje está de pie y en tensión. No es lo mismo que asustado o aguantando una reprimenda.

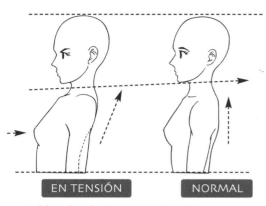

EN TENSIÓN　　**NORMAL**

- El hombro ligeramente elevado.
- La barbilla ligeramente bajada.
- Lo que más sobresale es el abdomen, excepto si se trata de mujeres de pecho abundante u hombres muy musculosos.

El pecho se ve desde abajo.

La pelvis se ve desde arriba.

Las piernas describen una ligera curva hacia atrás.

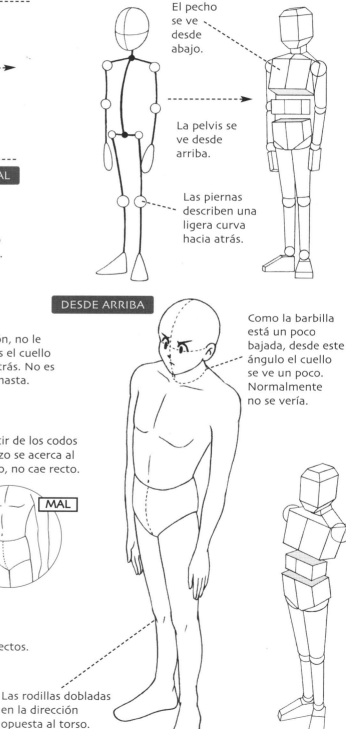

HORIZONTAL

El entrecejo ligeramente fruncido.

Atención, no le inclinéis el cuello hacia atrás. No es un gimnasta.

Desde aquí, la espalda hacia atrás.

A partir de los codos el brazo se acerca al cuerpo, no cae recto.

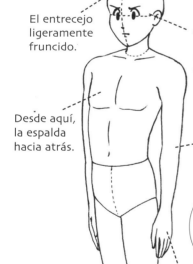

MAL

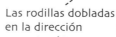

Atención a la posición de los pies.

Los dedos rectos.

Las rodillas dobladas en la dirección opuesta al torso.

DESDE ARRIBA

Como la barbilla está un poco bajada, desde este ángulo el cuello se ve un poco. Normalmente no se vería.

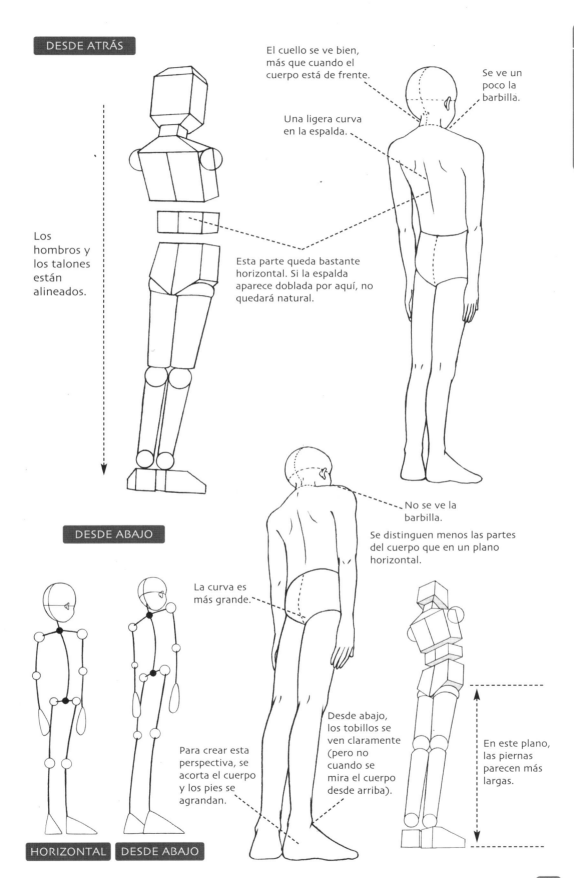

DESDE ATRÁS

El cuello se ve bien, más que cuando el cuerpo está de frente.

Se ve un poco la barbilla.

Una ligera curva en la espalda.

Los hombros y los talones están alineados.

Esta parte queda bastante horizontal. Si la espalda aparece doblada por aquí, no quedará natural.

DESDE ABAJO

No se ve la barbilla.

Se distinguen menos las partes del cuerpo que en un plano horizontal.

La curva es más grande.

Para crear esta perspectiva, se acorta el cuerpo y los pies se agrandan.

Desde abajo, los tobillos se ven claramente (pero no cuando se mira el cuerpo desde arriba).

En este plano, las piernas parecen más largas.

HORIZONTAL   DESDE ABAJO

25

Cuando el cuerpo se relaja...

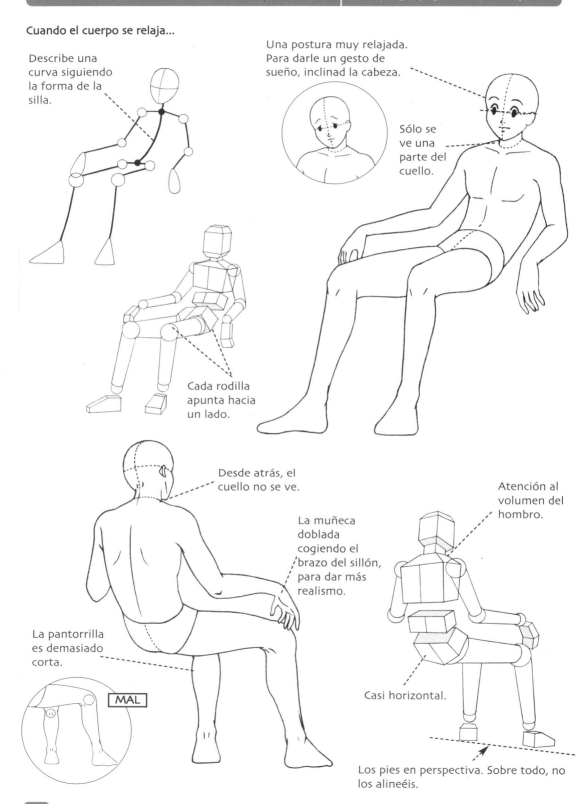

Describe una curva siguiendo la forma de la silla.

Una postura muy relajada. Para darle un gesto de sueño, inclinad la cabeza.

Sólo se ve una parte del cuello.

Cada rodilla apunta hacia un lado.

Desde atrás, el cuello no se ve.

Atención al volumen del hombro.

La muñeca doblada cogiendo el brazo del sillón, para dar más realismo.

La pantorrilla es demasiado corta.

MAL

Casi horizontal.

Los pies en perspectiva. Sobre todo, no los alineéis.

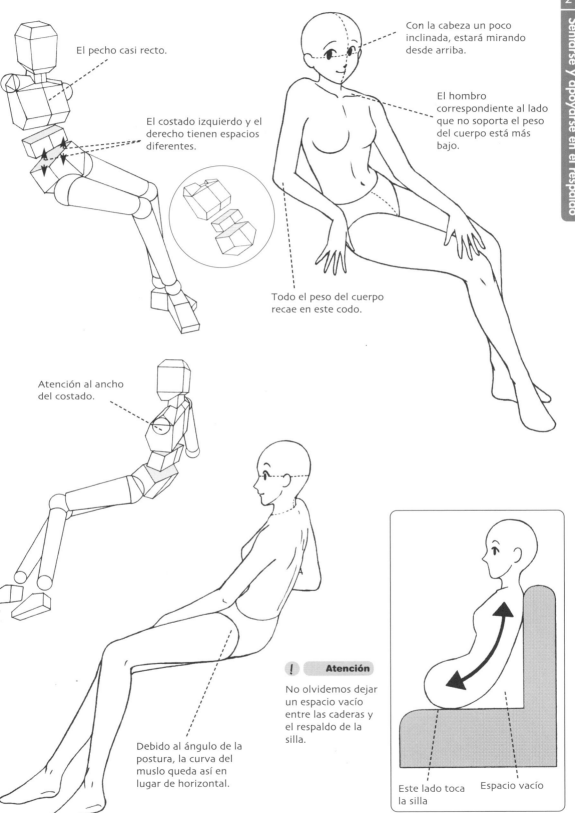

El pecho casi recto.

Con la cabeza un poco inclinada, estará mirando desde arriba.

El costado izquierdo y el derecho tienen espacios diferentes.

El hombro correspondiente al lado que no soporta el peso del cuerpo está más bajo.

Todo el peso del cuerpo recae en este codo.

Atención al ancho del costado.

Debido al ángulo de la postura, la curva del muslo queda así en lugar de horizontal.

! Atención

No olvidemos dejar un espacio vacío entre las caderas y el respaldo de la silla.

Este lado toca la silla

Espacio vacío

Dibuja un cuerpo sentado recto y en tensión... como éste.

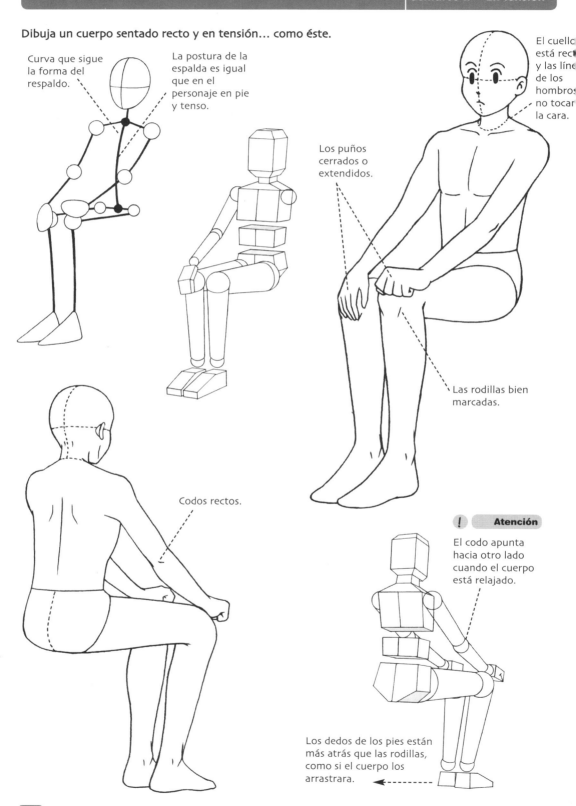

Curva que sigue la forma del respaldo.

La postura de la espalda es igual que en el personaje en pie y tenso.

El cuello está recto y las líneas de los hombros no tocan la cara.

Los puños cerrados o extendidos.

Las rodillas bien marcadas.

Codos rectos.

! **Atención**

El codo apunta hacia otro lado cuando el cuerpo está relajado.

Los dedos de los pies están más atrás que las rodillas, como si el cuerpo los arrastrara.

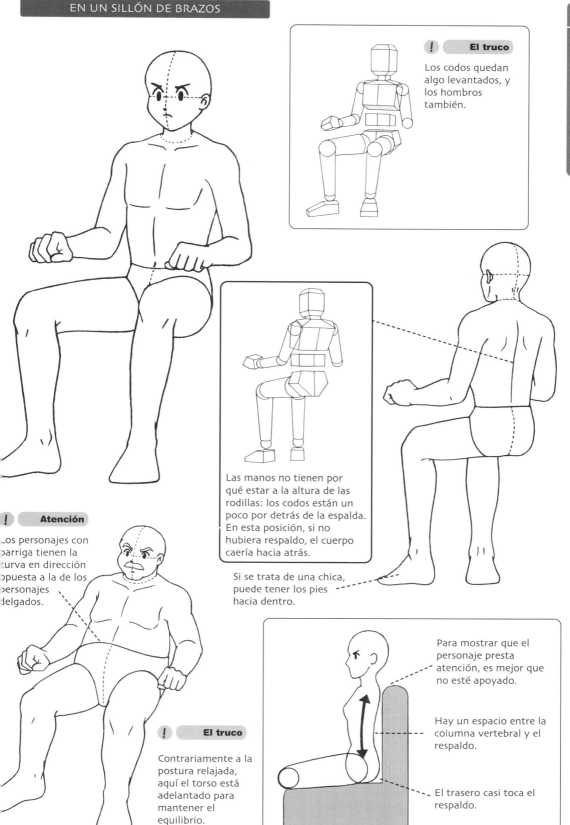

! El truco

Los codos quedan algo levantados, y los hombros también.

Las manos no tienen por qué estar a la altura de las rodillas: los codos están un poco por detrás de la espalda. En esta posición, si no hubiera respaldo, el cuerpo caería hacia atrás.

Si se trata de una chica, puede tener los pies hacia dentro.

! Atención

Los personajes con barriga tienen la curva en dirección opuesta a la de los personajes delgados.

! El truco

Contrariamente a la postura relajada, aquí el torso está adelantado para mantener el equilibrio.

Para mostrar que el personaje presta atención, es mejor que no esté apoyado.

Hay un espacio entre la columna vertebral y el respaldo.

El trasero casi toca el respaldo.

Sin respaldo, a pesar de que el cuerpo está relajado, hay tensión en ciertos puntos para aguantar el peso del torso.

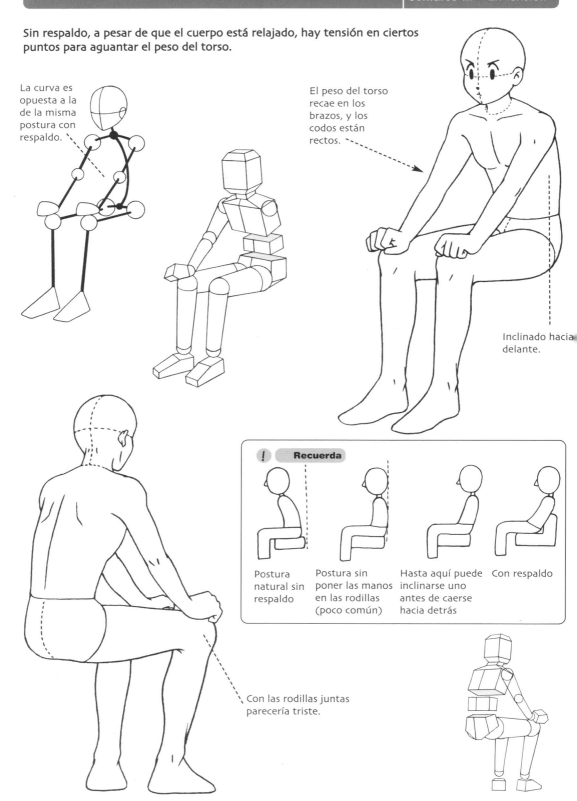

La curva es opuesta a la de la misma postura con respaldo.

El peso del torso recae en los brazos, y los codos están rectos.

Inclinado hacia delante.

! Recuerda

Postura natural sin respaldo

Postura sin poner las manos en las rodillas (poco común)

Hasta aquí puede inclinarse uno antes de caerse hacia detrás

Con respaldo

Con las rodillas juntas parecería triste.

Imaginar situaciones es una forma de conseguir ideas para crear una gama de expresiones.

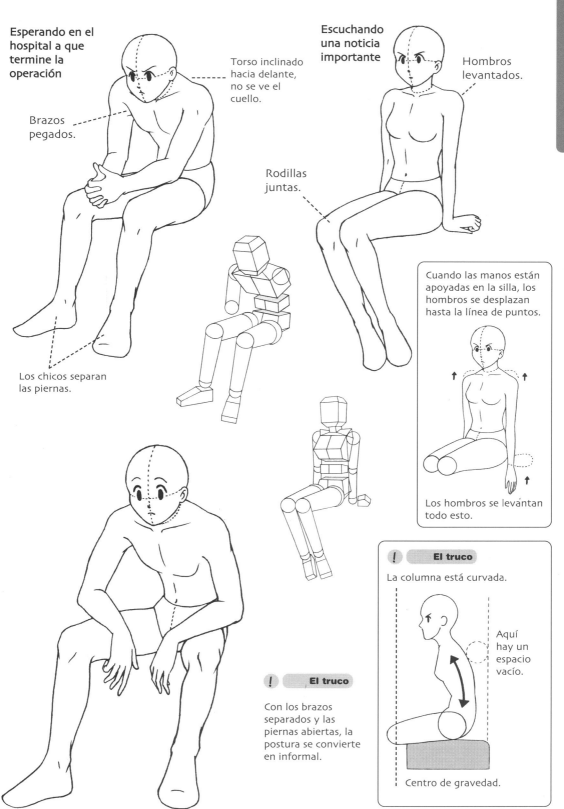

Esperando en el hospital a que termine la operación

Torso inclinado hacia delante, no se ve el cuello.

Brazos pegados.

Escuchando una noticia importante

Hombros levantados.

Rodillas juntas.

Los chicos separan las piernas.

Cuando las manos están apoyadas en la silla, los hombros se desplazan hasta la línea de puntos.

Los hombros se levántan todo esto.

! El truco

Con los brazos separados y las piernas abiertas, la postura se convierte en informal.

! El truco

La columna está curvada.

Aquí hay un espacio vacío.

Centro de gravedad.

Sentar a un personaje en el suelo da más juego que hacerlo en una silla.

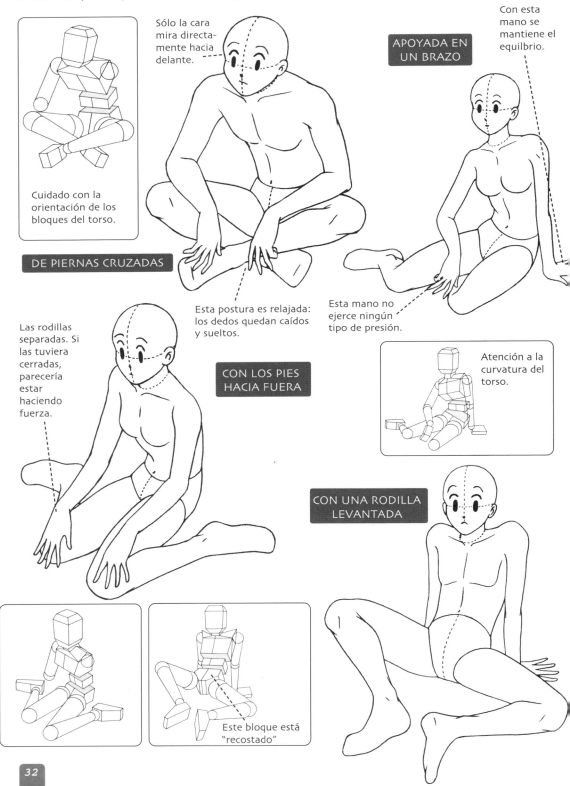

Cuidado con la orientación de los bloques del torso.

Sólo la cara mira directamente hacia delante.

Con esta mano se mantiene el equilbrio.

APOYADA EN UN BRAZO

DE PIERNAS CRUZADAS

Esta postura es relajada: los dedos quedan caídos y sueltos.

Esta mano no ejerce ningún tipo de presión.

Las rodillas separadas. Si las tuviera cerradas, parecería estar haciendo fuerza.

CON LOS PIES HACIA FUERA

Atención a la curvatura del torso.

CON UNA RODILLA LEVANTADA

Este bloque está "recostado"

Apoyada en un brazo

La curva de la columna es paralela al contorno de la espalda.

Los hombros están más bajos que con los brazos en tensión.

No se ve todo el lado.

Cada rodilla se dobla de una manera.

No se coge las rodillas adrede: las muñecas están en reposo.

En función de dónde recaiga el peso del cuerpo, la postura de los hombros puede cambiar.

El truco

Los codos "miran" hacia atrás.

La planta del pie está inerte.

Cuando se hace fuerza, la forma del pie cambia. Los dedos se doblan y no se ven del todo.

Más ancho que la separación de los hombros.

Atención a la perspectiva de la pantorrilla.

MAL

Así quedarían demasiado juntos.

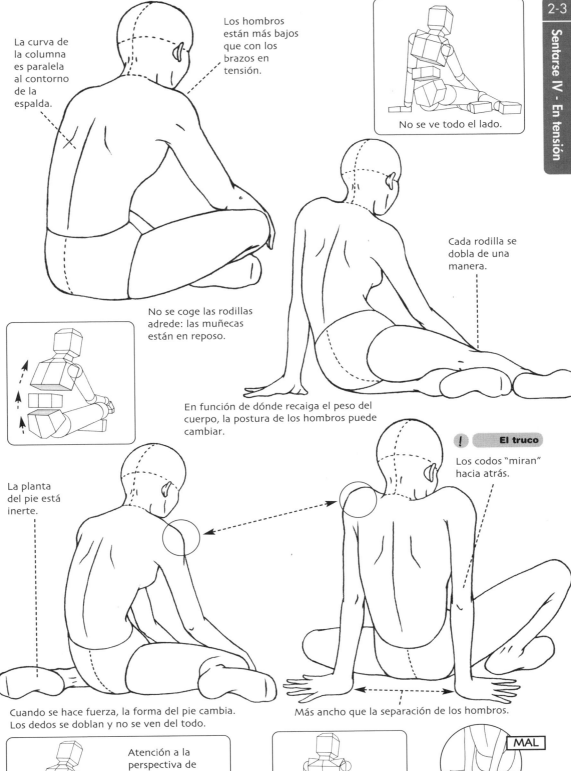

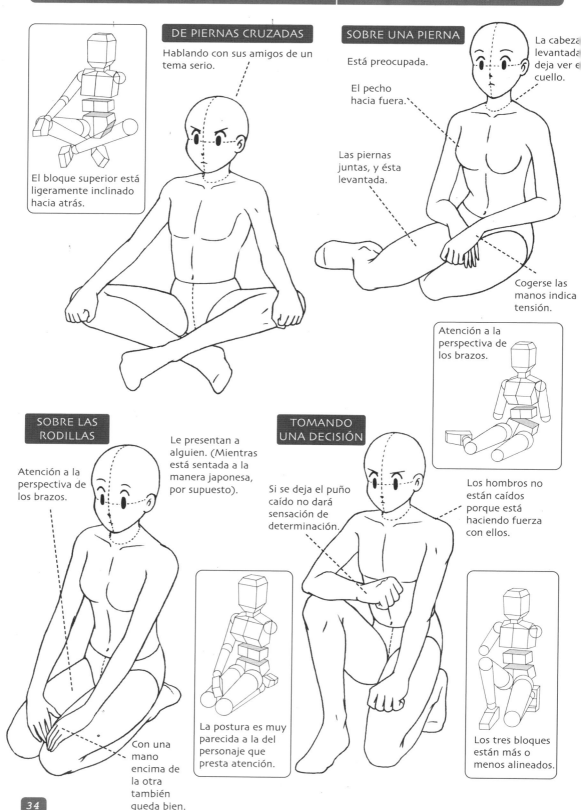

DE PIERNAS CRUZADAS

Hablando con sus amigos de un tema serio.

El bloque superior está ligeramente inclinado hacia atrás.

SOBRE UNA PIERNA

Está preocupada.

El pecho hacia fuera.

La cabeza levantada deja ver el cuello.

Las piernas juntas, y ésta levantada.

Cogerse las manos indica tensión.

Atención a la perspectiva de los brazos.

SOBRE LAS RODILLAS

Atención a la perspectiva de los brazos.

Le presentan a alguien. (Mientras está sentada a la manera japonesa, por supuesto).

Con una mano encima de la otra también queda bien.

La postura es muy parecida a la del personaje que presta atención.

TOMANDO UNA DECISIÓN

Si se deja el puño caído no dará sensación de determinación.

Los hombros no están caídos porque está haciendo fuerza con ellos.

Los tres bloques están más o menos alineados.

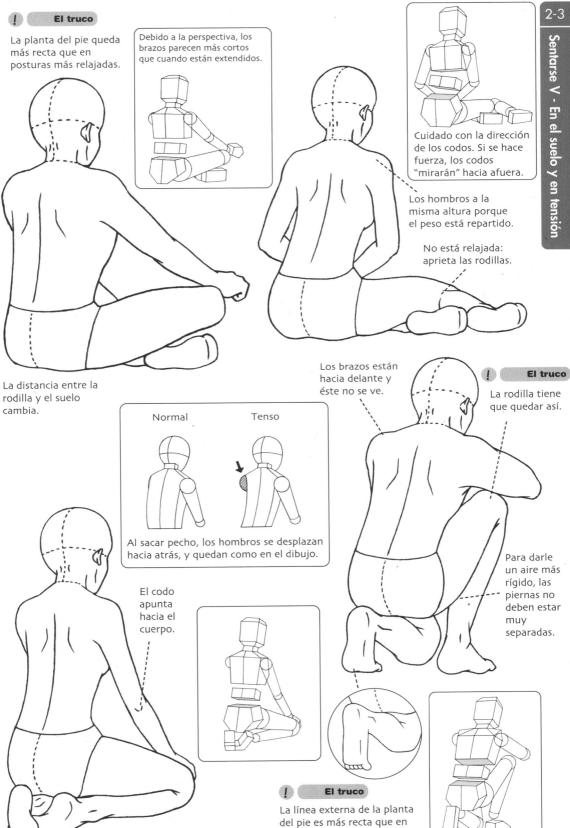

! El truco

La planta del pie queda más recta que en posturas más relajadas.

Debido a la perspectiva, los brazos parecen más cortos que cuando están extendidos.

Cuidado con la dirección de los codos. Si se hace fuerza, los codos "mirarán" hacia afuera.

Los hombros a la misma altura porque el peso está repartido.

No está relajada: aprieta las rodillas.

La distancia entre la rodilla y el suelo cambia.

Los brazos están hacia delante y éste no se ve.

! El truco

La rodilla tiene que quedar así.

Normal   Tenso

Al sacar pecho, los hombros se desplazan hacia atrás, y quedan como en el dibujo.

El codo apunta hacia el cuerpo.

Para darle un aire más rígido, las piernas no deben estar muy separadas.

! El truco

La línea externa de la planta del pie es más recta que en una postura normal.

Para dar un aire completamente relajado al cuerpo, imaginamos el personaje tendido en el suelo.

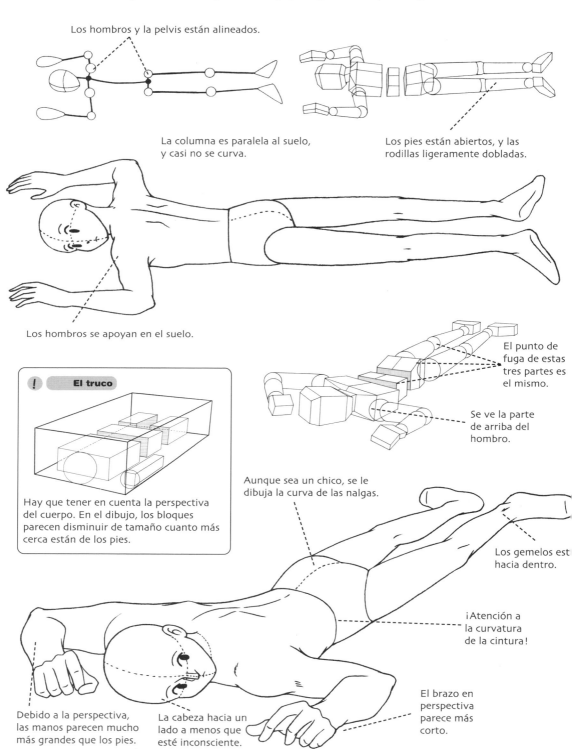

Los hombros y la pelvis están alineados.

La columna es paralela al suelo, y casi no se curva.

Los pies están abiertos, y las rodillas ligeramente dobladas.

Los hombros se apoyan en el suelo.

El punto de fuga de estas tres partes es el mismo.

Se ve la parte de arriba del hombro.

! El truco

Hay que tener en cuenta la perspectiva del cuerpo. En el dibujo, los bloques parecen disminuir de tamaño cuanto más cerca están de los pies.

Aunque sea un chico, se le dibuja la curva de las nalgas.

Los gemelos est hacia dentro.

¡Atención a la curvatura de la cintura!

El brazo en perspectiva parece más corto.

Debido a la perspectiva, las manos parecen mucho más grandes que los pies.

La cabeza hacia un lado a menos que esté inconsciente.

! **El truco**

La forma del cuello. Cuando el personaje está acostado, el cuello no soporta el peso de la cabeza, de modo que no está en tensión.

Asustada

El hombro está levantado, y oculta el cuello y la barbilla.

Pesadillas

La línea del cuello se marca para indicar que el cuello está girado.

Aquí.

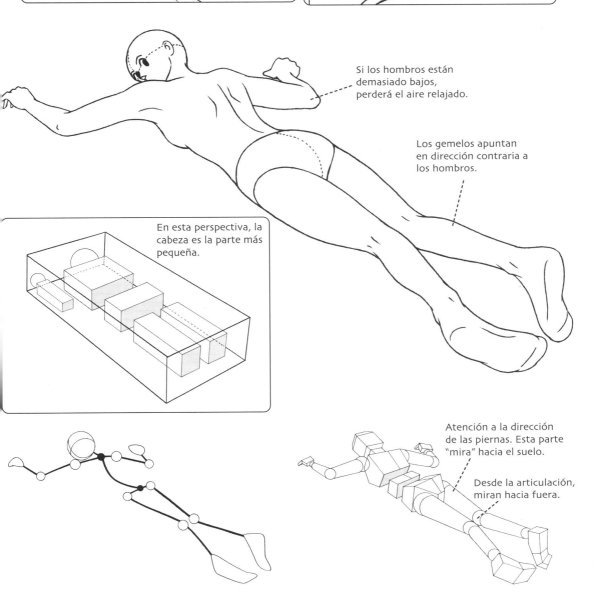

Si los hombros están demasiado bajos, perderá el aire relajado.

Los gemelos apuntan en dirección contraria a los hombros.

En esta perspectiva, la cabeza es la parte más pequeña.

Atención a la dirección de las piernas. Esta parte "mira" hacia el suelo.

Desde la articulación, miran hacia fuera.

Para dar un aire completamente relajado al cuerpo, imaginamos el personaje tendido en el suelo.

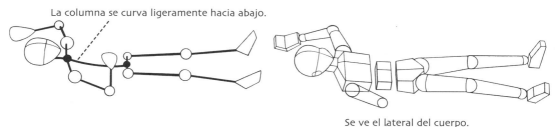

La columna se curva ligeramente hacia abajo.

Se ve el lateral del cuerpo.

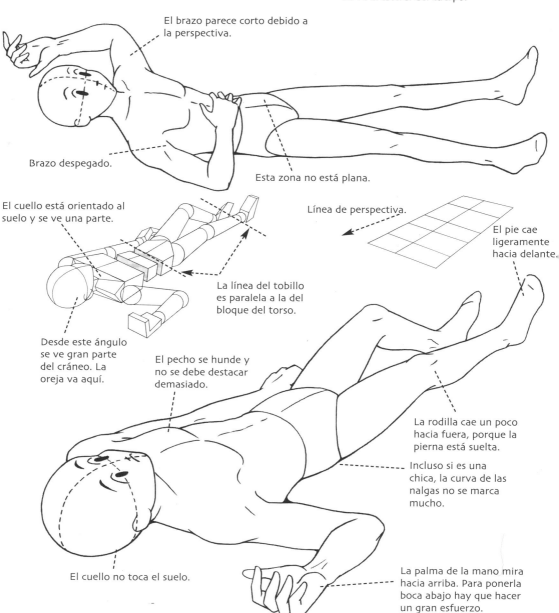

El brazo parece corto debido a la perspectiva.

Brazo despegado.

Esta zona no está plana.

El cuello está orientado al suelo y se ve una parte.

Línea de perspectiva.

El pie cae ligeramente hacia delante.

La línea del tobillo es paralela a la del bloque del torso.

Desde este ángulo se ve gran parte del cráneo. La oreja va aquí.

El pecho se hunde y no se debe destacar demasiado.

La rodilla cae un poco hacia fuera, porque la pierna está suelta.

Incluso si es una chica, la curva de las nalgas no se marca mucho.

El cuello no toca el suelo.

La palma de la mano mira hacia arriba. Para ponerla boca abajo hay que hacer un gran esfuerzo.

¡Los ojos deben respetar la línea de perspectiva!

Si los hombros no respetan la línea de perspectiva, la postura quedará desequilibrada.

! **El truco**

Las líneas de perspectiva permiten dibujar correctamente los ojos y los hombros.

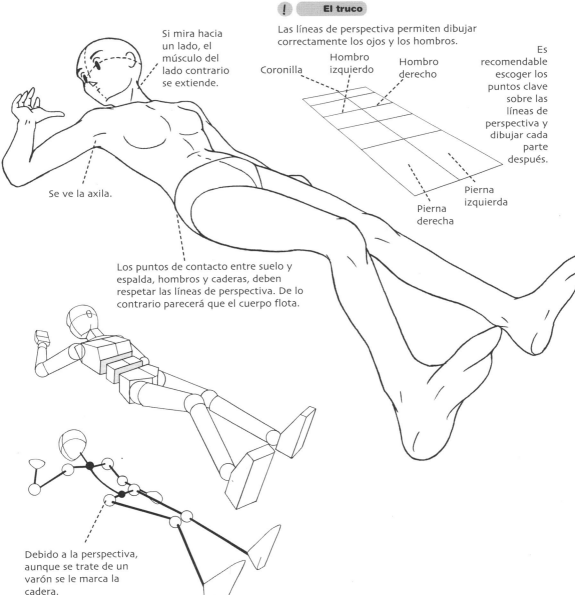

Si mira hacia un lado, el músculo del lado contrario se extiende.

Se ve la axila.

Coronilla

Hombro izquierdo

Hombro derecho

Es recomendable escoger los puntos clave sobre las líneas de perspectiva y dibujar cada parte después.

Pierna izquierda

Pierna derecha

Los puntos de contacto entre suelo y espalda, hombros y caderas, deben respetar las líneas de perspectiva. De lo contrario parecerá que el cuerpo flota.

Debido a la perspectiva, aunque se trate de un varón se le marca la cadera.

El cuerpo está apoyado sobre un costado y la curva de la cintura se acentúa.

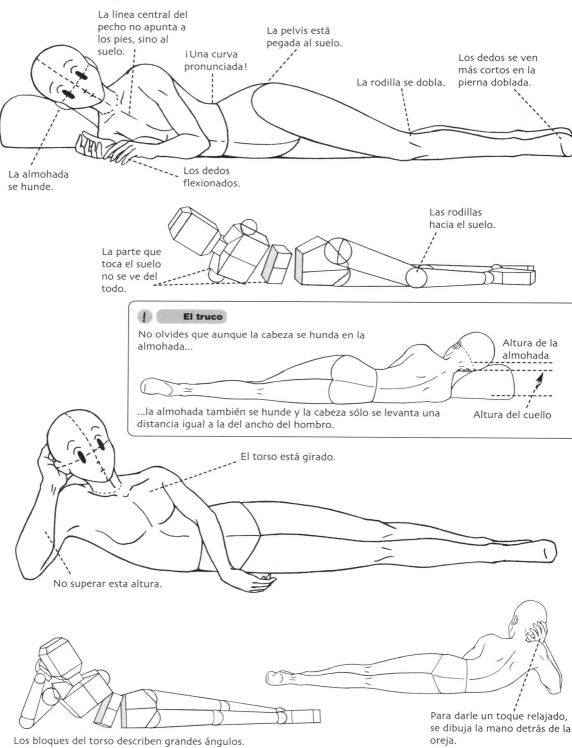

La línea central del pecho no apunta a los pies, sino al suelo.

¡Una curva pronunciada!

La pelvis está pegada al suelo.

Los dedos se ven más cortos en la pierna doblada.

La rodilla se dobla.

La almohada se hunde.

Los dedos flexionados.

Las rodillas hacia el suelo.

La parte que toca el suelo no se ve del todo.

! El truco

No olvides que aunque la cabeza se hunda en la almohada...

Altura de la almohada

...la almohada también se hunde y la cabeza sólo se levanta una distancia igual a la del ancho del hombro.

Altura del cuello

El torso está girado.

No superar esta altura.

Los bloques del torso describen grandes ángulos.

Para darle un toque relajado, se dibuja la mano detrás de la oreja.

Es difícil dibujar personajes tumbados en vertical. Hay que prestar atención a ciertos detalles.

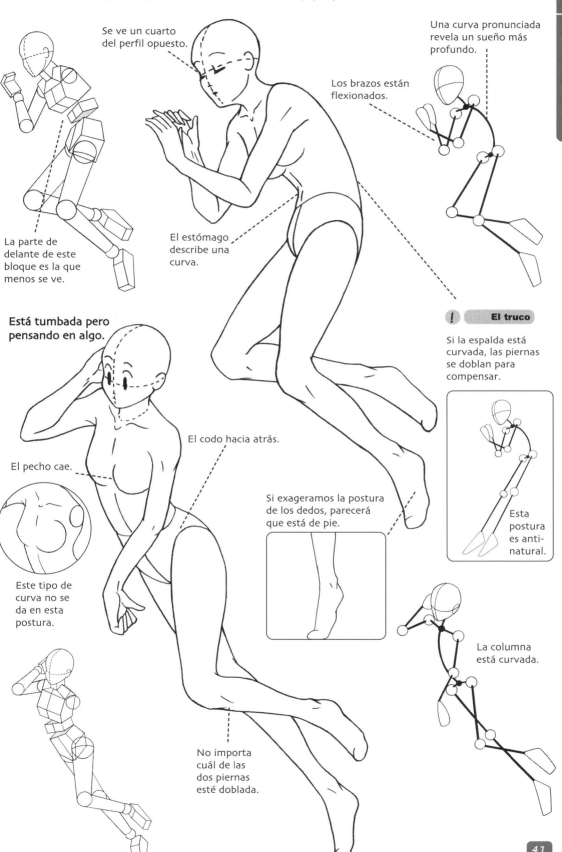

Se ve un cuarto del perfil opuesto.

Una curva pronunciada revela un sueño más profundo.

Los brazos están flexionados.

El estómago describe una curva.

La parte de delante de este bloque es la que menos se ve.

¡ El truco

Si la espalda está curvada, las piernas se doblan para compensar.

Está tumbada pero pensando en algo.

El codo hacia atrás.

El pecho cae.

Este tipo de curva no se da en esta postura.

Si exageramos la postura de los dedos, parecerá que está de pie.

Esta postura es anti-natural.

La columna está curvada.

No importa cuál de las dos piernas esté doblada.

Caminar es la acción más sencilla y, sin embargo, ¡la más difícil de dibujar! Si ya sabes dibujar un personaje andando de forma natural, es que ya eres un maestro.

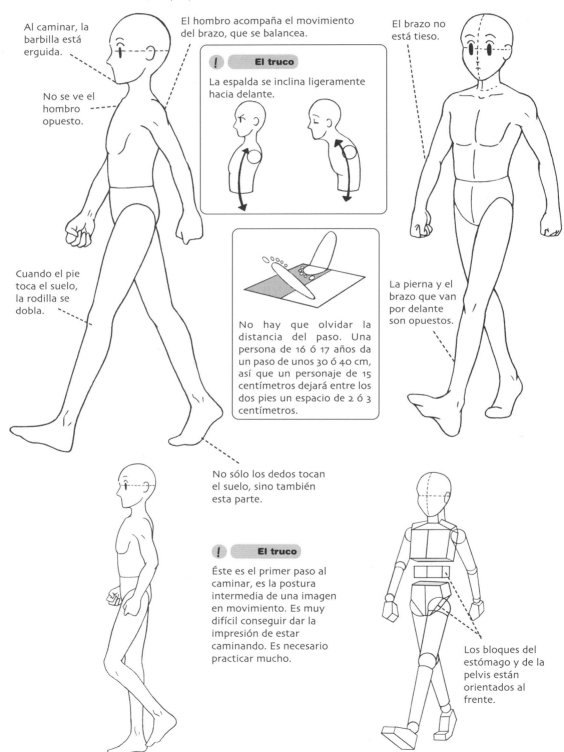

Al caminar, la barbilla está erguida.

No se ve el hombro opuesto.

El hombro acompaña el movimiento del brazo, que se balancea.

El brazo no está tieso.

! El truco

La espalda se inclina ligeramente hacia delante.

Cuando el pie toca el suelo, la rodilla se dobla.

No hay que olvidar la distancia del paso. Una persona de 16 ó 17 años da un paso de unos 30 ó 40 cm, así que un personaje de 15 centímetros dejará entre los dos pies un espacio de 2 ó 3 centímetros.

La pierna y el brazo que van por delante son opuestos.

No sólo los dedos tocan el suelo, sino también esta parte.

! El truco

Éste es el primer paso al caminar, es la postura intermedia de una imagen en movimiento. Es muy difícil conseguir dar la impresión de estar caminando. Es necesario practicar mucho.

Los bloques del estómago y de la pelvis están orientados al frente.

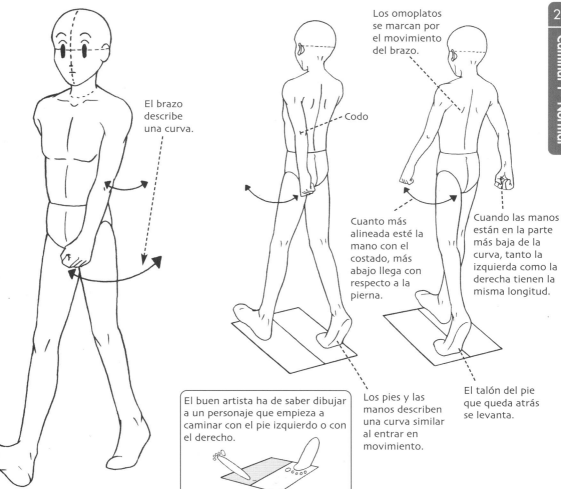

El brazo describe una curva.

Los omoplatos se marcan por el movimiento del brazo.

Codo

Cuanto más alineada esté la mano con el costado, más abajo llega con respecto a la pierna.

Cuando las manos están en la parte más baja de la curva, tanto la izquierda como la derecha tienen la misma longitud.

El talón del pie que queda atrás se levanta.

El buen artista ha de saber dibujar a un personaje que empieza a caminar con el pie izquierdo o con el derecho.

Los pies y las manos describen una curva similar al entrar en movimiento.

! El truco

No lo olvides Aquí tenemos la imagen animada de un personaje caminando. Al menos un pie debe tocar el suelo.

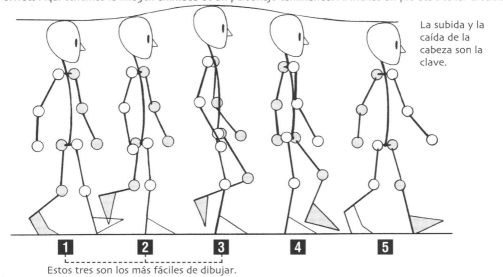

La subida y la caída de la cabeza son la clave.

1 **2** **3** **4** **5**

Estos tres son los más fáciles de dibujar.

El secreto está en hacer las curvas y separaciones en los cuerpos más grandes de lo normal.

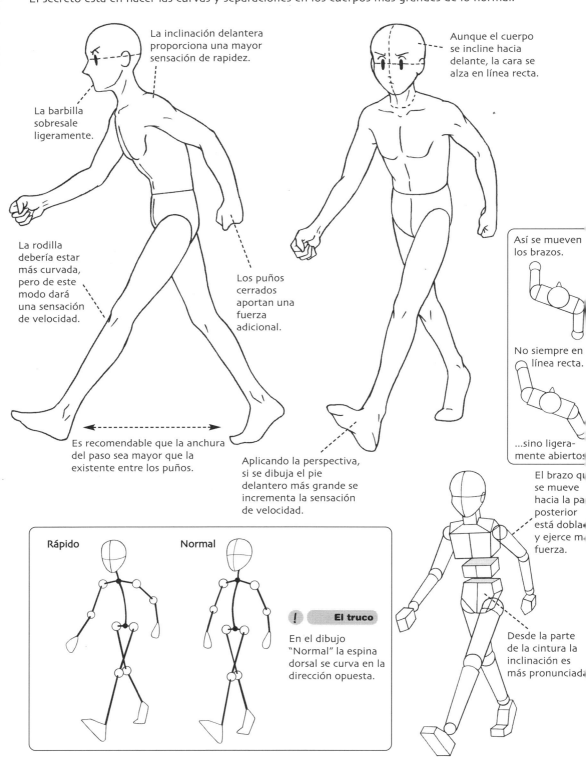

La inclinación delantera proporciona una mayor sensación de rapidez.

La barbilla sobresale ligeramente.

La rodilla debería estar más curvada, pero de este modo dará una sensación de velocidad.

Los puños cerrados aportan una fuerza adicional.

Es recomendable que la anchura del paso sea mayor que la existente entre los puños.

Aunque el cuerpo se incline hacia delante, la cara se alza en línea recta.

Así se mueven los brazos.

No siempre en línea recta.

...sino ligeramente abiertos

Aplicando la perspectiva, si se dibuja el pie delantero más grande se incrementa la sensación de velocidad.

El brazo que se mueve hacia la parte posterior está doblado y ejerce más fuerza.

Desde la parte de la cintura la inclinación es más pronunciada.

Rápido

Normal

! El truco

En el dibujo "Normal" la espina dorsal se curva en la dirección opuesta.

Empezar a caminar

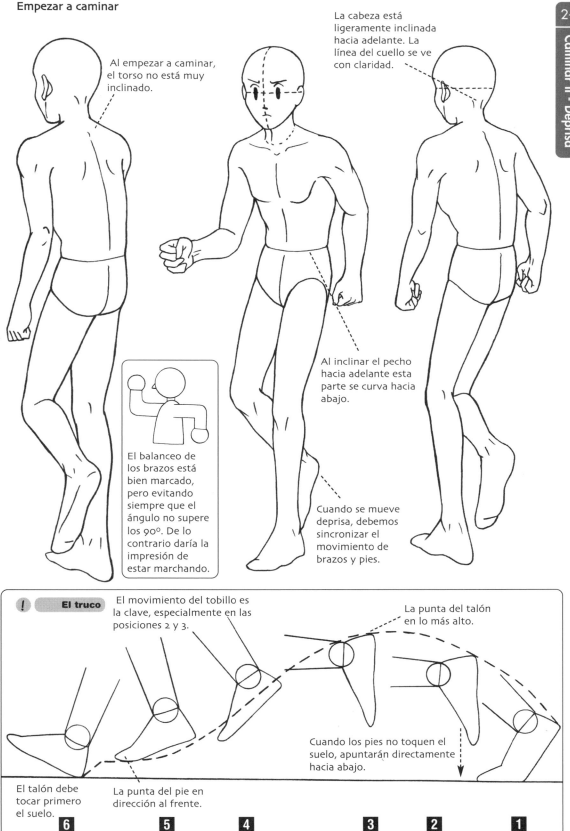

Al empezar a caminar, el torso no está muy inclinado.

La cabeza está ligeramente inclinada hacia adelante. La línea del cuello se ve con claridad.

Al inclinar el pecho hacia adelante esta parte se curva hacia abajo.

El balanceo de los brazos está bien marcado, pero evitando siempre que el ángulo no supere los 90°. De lo contrario daría la impresión de estar marchando.

Cuando se mueve deprisa, debemos sincronizar el movimiento de brazos y pies.

! El truco

El movimiento del tobillo es la clave, especialmente en las posiciones 2 y 3.

La punta del talón en lo más alto.

Cuando los pies no toquen el suelo, apuntarán directamente hacia abajo.

El talón debe tocar primero el suelo.

La punta del pie en dirección al frente.

6   **5**   **4**   **3**   **2**   **1**

Personajes cansados o ancianos caminan de diferente manera. Estudiemos paso a paso los movimientos básicos y sus variaciones.

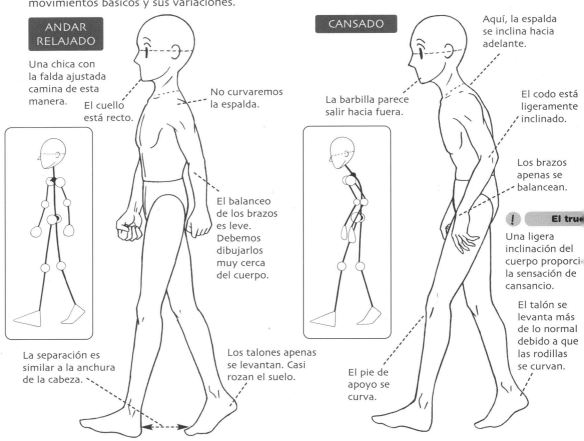

ANDAR RELAJADO

Una chica con la falda ajustada camina de esta manera.

El cuello está recto.

No curvaremos la espalda.

El balanceo de los brazos es leve. Debemos dibujarlos muy cerca del cuerpo.

La separación es similar a la anchura de la cabeza.

Los talones apenas se levantan. Casi rozan el suelo.

CANSADO

Aquí, la espalda se inclina hacia adelante.

La barbilla parece salir hacia fuera.

El codo está ligeramente inclinado.

Los brazos apenas se balancean.

! El tru...

Una ligera inclinación del cuerpo proporci... la sensación de cansancio.

El talón se levanta más de lo normal debido a que las rodillas se curvan.

El pie de apoyo se curva.

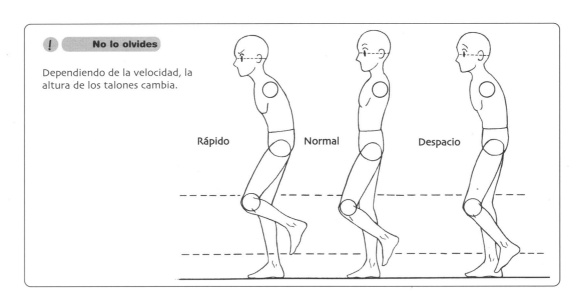

! No lo olvides

Dependiendo de la velocidad, la altura de los talones cambia.

Rápido

Normal

Despacio

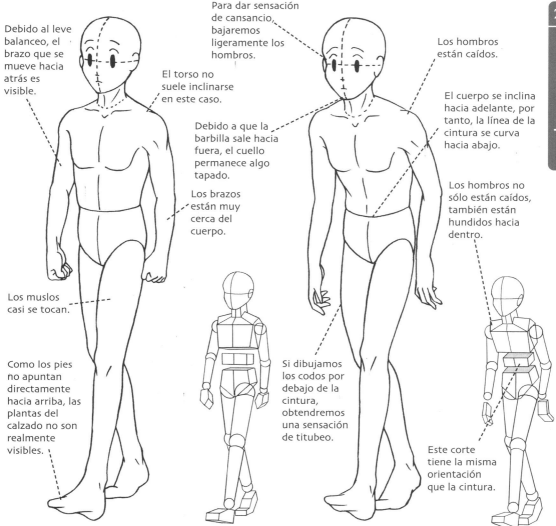

Debido al leve balanceo, el brazo que se mueve hacia atrás es visible.

Para dar sensación de cansancio, bajaremos ligeramente los hombros.

El torso no suele inclinarse en este caso.

Debido a que la barbilla sale hacia fuera, el cuello permanece algo tapado.

Los brazos están muy cerca del cuerpo.

Los muslos casi se tocan.

Como los pies no apuntan directamente hacia arriba, las plantas del calzado no son realmente visibles.

Los hombros están caídos.

El cuerpo se inclina hacia adelante, por tanto, la línea de la cintura se curva hacia abajo.

Los hombros no sólo están caídos, también están hundidos hacia dentro.

Si dibujamos los codos por debajo de la cintura, obtendremos una sensación de titubeo.

Este corte tiene la misma orientación que la cintura.

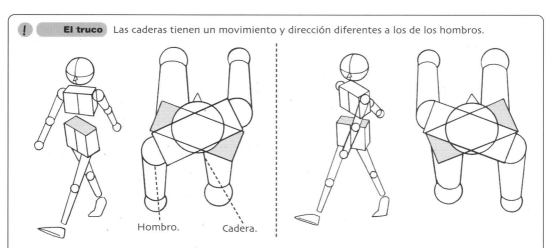

! El truco Las caderas tienen un movimiento y dirección diferentes a los de los hombros.

Hombro. Cadera.

Aquí vemos cómo el movimiento de los brazos y la extensión de las piernas van en direcciones opuestas. Lo mismo ocurre con la dirección de las caderas y los hombros del muñeco de madera. Cuando el brazo derecho está al frente, el hombro apunta hacia adelante. Al mismo tiempo, la pierna izquierda lleva la cadera izquierda hacia adelante. Torcerlo ligeramente es un punto muy importante.

Muy parecido al caminar. La inclinación delantera y las piernas levantadas ofrecen una sensación de velocidad.

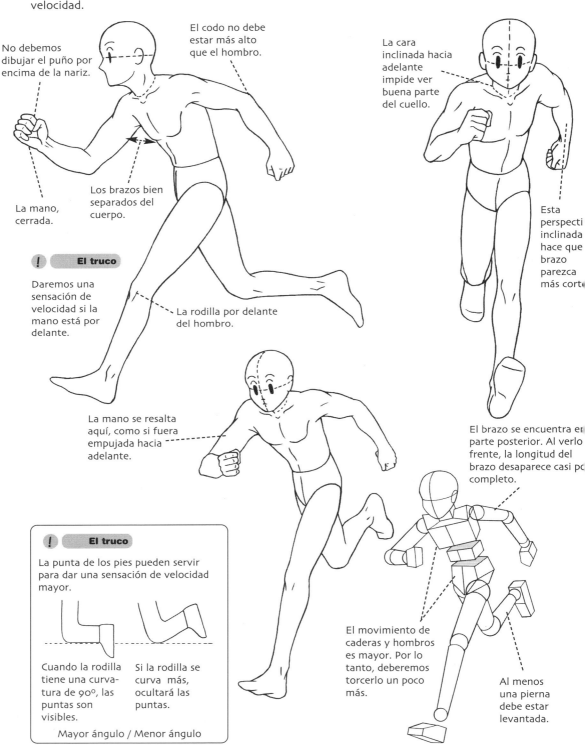

El codo no debe estar más alto que el hombro.

No debemos dibujar el puño por encima de la nariz.

La cara inclinada hacia adelante impide ver buena parte del cuello.

La mano, cerrada.

Los brazos bien separados del cuerpo.

Esta perspecti inclinada hace que brazo parezca más cort

! El truco

Daremos una sensación de velocidad si la mano está por delante.

La rodilla por delante del hombro.

La mano se resalta aquí, como si fuera empujada hacia adelante.

El brazo se encuentra en parte posterior. Al verlo frente, la longitud del brazo desaparece casi po completo.

! El truco

La punta de los pies pueden servir para dar una sensación de velocidad mayor.

Cuando la rodilla tiene una curvatura de 90º, las puntas son visibles.

Si la rodilla se curva más, ocultará las puntas.

Mayor ángulo / Menor ángulo

El movimiento de caderas y hombros es mayor. Por lo tanto, deberemos torcerlo un poco más.

Al menos una pierna debe estar levantada.

PISAR EL SUELO

Cuánto más grande parezca el brazo, más torcido deberá estar el cuerpo. Así obtendremos una mayor sensación de velocidad.

El estómago apunta en la dirección del movimiento.

Desde atrás, tendremos un especial cuidado con la perspectiva de las caderas y del torso.

ANTES DE DAR UN PASO

El cuerpo oculta por completo al hombro.

El brazo toca el cuerpo.

Los hombros alzados tapan por completo la barbilla.

El brazo está ligeramente adelantado y curvado de forma aguda.

A pesar de las caderas torcidas, una parte de atrás es visible.

Las caderas tienen una curva aguda. Vista por debajo de la línea de la cintura se trata de una gran curva ascendente.

Por debajo de la rodilla, la pierna está frente al suelo.

La rodilla está extendida casi por completo.

Las rodillas se curvan justo antes de dar un paso adelante (ver figura 2).

El pie se levanta mucho.

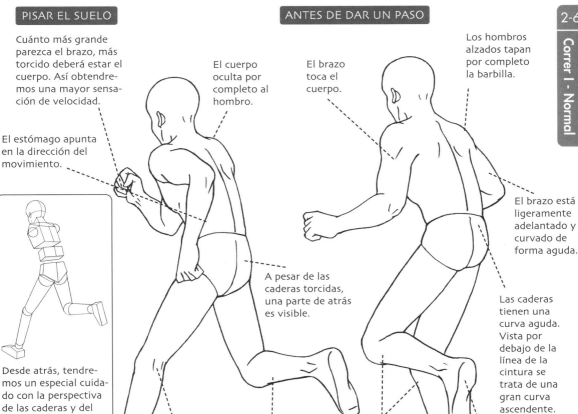

! **¡No lo olvides!** La acción de correr en movimiento

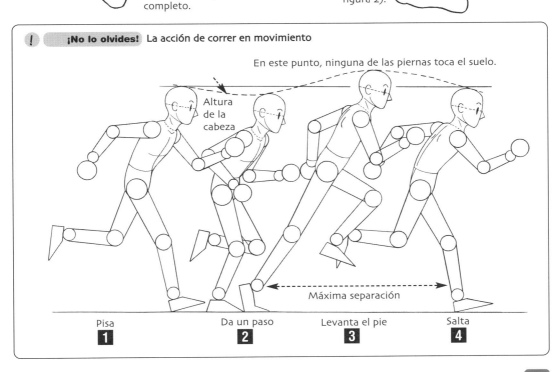

En este punto, ninguna de las piernas toca el suelo.

Altura de la cabeza

Máxima separación

| Pisa | Da un paso | Levanta el pie | Salta |
| 1 | 2 | 3 | 4 |

Dibujar las rodillas y los codos muy extendidos en lugar de curvados.

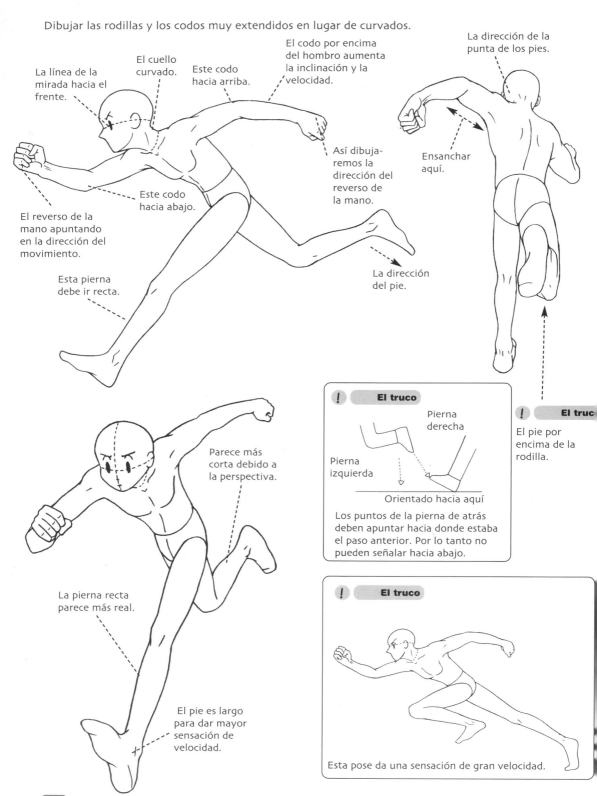

La dirección de la punta de los pies.

El codo por encima del hombro aumenta la inclinación y la velocidad.

El cuello curvado.

Este codo hacia arriba.

La línea de la mirada hacia el frente.

Así dibujaremos la dirección del reverso de la mano.

Ensanchar aquí.

Este codo hacia abajo.

El reverso de la mano apuntando en la dirección del movimiento.

La dirección del pie.

Esta pierna debe ir recta.

El pie por encima de la rodilla.

Parece más corta debido a la perspectiva.

La pierna recta parece más real.

El pie es largo para dar mayor sensación de velocidad.

! El truco

Pierna derecha

Pierna izquierda

Orientado hacia aquí

Los puntos de la pierna de atrás deben apuntar hacia donde estaba el paso anterior. Por lo tanto no pueden señalar hacia abajo.

! El truco

Esta pose da una sensación de gran velocidad.

La forma de correr depende del personaje.

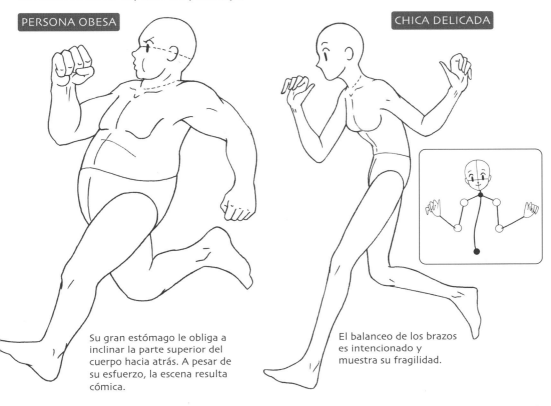

PERSONA OBESA

CHICA DELICADA

Su gran estómago le obliga a inclinar la parte superior del cuerpo hacia atrás. A pesar de su esfuerzo, la escena resulta cómica.

El balanceo de los brazos es intencionado y muestra su fragilidad.

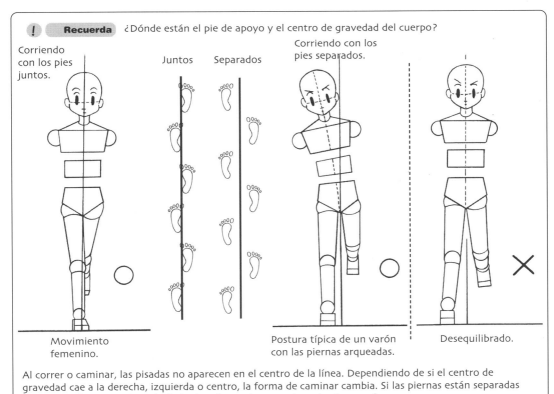

! **Recuerda** ¿Dónde están el pie de apoyo y el centro de gravedad del cuerpo?

Corriendo con los pies juntos.

Juntos   Separados

Corriendo con los pies separados.

Movimiento femenino.

Postura típica de un varón con las piernas arqueadas.

Desequilibrado.

Al correr o caminar, las pisadas no aparecen en el centro de la línea. Dependiendo de si el centro de gravedad cae a la derecha, izquierda o centro, la forma de caminar cambia. Si las piernas están separadas por una anchura superior a la de los hombros, el personaje acabará cayendo.

Consejos de un joven creador

Kazuto Mitsuishi

Fecha de nacimiento:
26 de febrero de 1979
Prefactura de Nagoya

Graduado en una escuela técnica, trabaja como creador de gráficos 2D por ordenador. Su hobby son los gráficos 3D.

"No puedo dejar de resaltar la importancia del dibujo."
El dibujo del cuerpo es importante.
Es imprescindible para dibujar ilustraciones.
También es esencial para dibujar personajes.
El equilibrio de las áreas del cuerpo, la proporción general, los músculos, los huesos... Aprender todas estas cosas dará a los personajes que dibujemos una sensación de realismo y profundidad.
Cuando terminé la academia, hice una película usando gráficos 3D por ordenador. Creía que iba a poder utilizar cualquier pose que deseara. Pero lo cierto es que las "poses libres" son las más difíciles de hacer. Puedo hacer que en el ordenador los huesos giren en rotaciones de 360º, pero el movimiento de una persona real es mucho más limitado. Diseñé los modelos 3D basándome en mis suposiciones. Las imágenes en mi cabeza eran diferentes y todo lo que intentaba acababa pareciendo artificial. Si lo hubiera convertido en animación, habría sido aún más evidente. Más que seres humanos en realidad parecían una especie de robots. Finalmente, logré realizar modelos de los personajes pero no finalicé la película. ¿Y cuál es la raíz del problema? Presté demasiada atención a dibujar la forma del cuerpo sin examinar con detenimiento las articulaciones que aparecen en una determinada postura. Ojalá me hubiera dado cuenta mucho antes. No es algo que uno mismo pueda observar con claridad, aunque tome sus propias articulaciones como referencia.
Lo que he dicho sobre los gráficos 3D puede representarse con una ilustración ejemplo. El personaje con una pose visto desde un ángulo es, al fin y al cabo, un punto de vista en 3D.
Debemos aprender a dibujar el cuerpo de muchas maneras. Es muy importante.

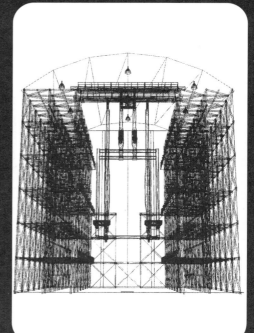

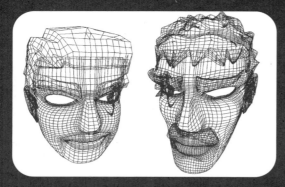

Capítulo TERCERO
El movimiento y sus variantes

Capítulo 3

En el capítulo 2 hemos aprendido la diferencia entre una postura relajada y una en tensión, que reside en la curva de la espalda. El cuerpo de una persona, modelado completamente por las curvas, es más flexible de lo que pensamos. Los músculos y la ropa ocultan las curvas, pero la línea que va desde el cuello hasta las caderas es más compleja que las del torso o las piernas. Prestaremos atención a sus movimientos, ya que acentúan la curvatura.

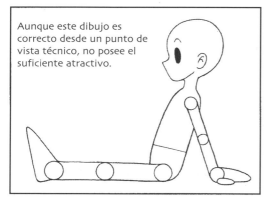

Aunque este dibujo es correcto desde un punto de vista técnico, no posee el suficiente atractivo.

No basta sólo con los brazos y las piernas. Podemos darle vida doblando una rodilla.

Con estas poses carentes de dramatismo, podemos estropear un dibujo y crear cierta confusión si antes no lo tenemos bien perfilado. En realidad es más difícil que dibujar una figura en movimiento.

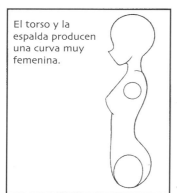

El torso y la espalda producen una curva muy femenina.

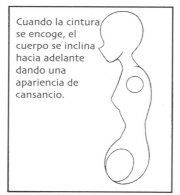

Cuando la cintura se encoge, el cuerpo se inclina hacia adelante dando una apariencia de cansancio.

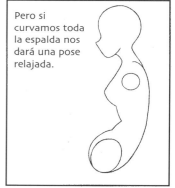

Pero si curvamos toda la espalda nos dará una pose relajada.

Cuando la figura está totalmente erguida, la línea posterior no está recta. Aunque debido a una cuestión estética, tirar demasiado de la cintura provoca que la curva de la espalda tenga una apariencia extraña.

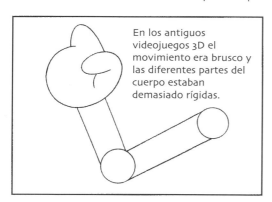

En los antiguos videojuegos 3D el movimiento era brusco y las diferentes partes del cuerpo estaban demasiado rígidas.

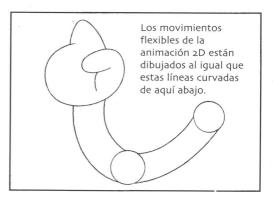

Los movimientos flexibles de la animación 2D están dibujados al igual que estas líneas curvadas de aquí abajo.

Los huesos de la espalda no son los únicos que se curvan. Los brazos y las piernas, además de sus articulaciones, también se curvan. Incluso donde hay huesos rectos, se pueden conseguir curvas mediante el contorno de los músculos o la grasa.

El centro de gravedad se mueve al correr o caminar. Pero no podemos olvidar que, además de los pies, también se mueve el cuerpo. Lo importante, en realidad, es la posición del pie de apoyo, en el que recae todo el peso. Si no tenemos en cuenta el punto donde la espalda se dobla, quitar el centro de gravedad de esta posición puede alterar el equilibrio.

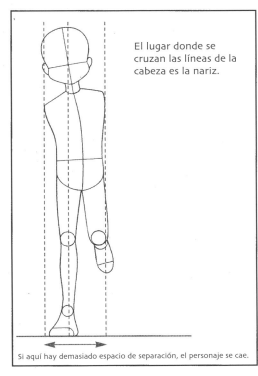

El lugar donde se cruzan las líneas de la cabeza es la nariz.

Si aquí hay demasiado espacio de separación, el personaje se cae.

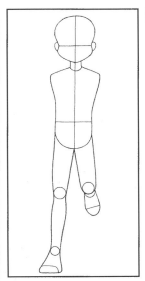

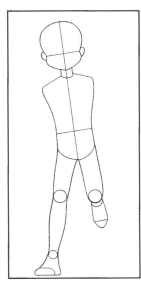

! No lo olvides

La línea por debajo de la nariz es el centro de gravedad. El ancho de la cara debe ser el mismo que el ancho del movimiento de los brazos.

POSES BÁSICAS DE LA FIGURA DEL HOMBRE

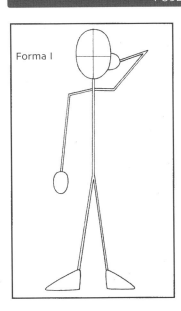

Forma I

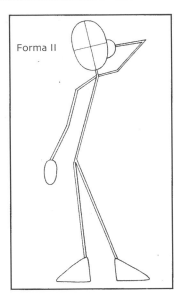

Forma II

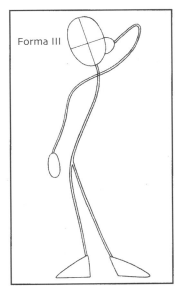

Forma III

Antes de empezar, reproduciremos la pose con una figura de alambre. A continuación la ponemos en la forma I. Luego la doblamos por las articulaciones y obtenemos la forma Z. Finalmente añadimos las curvas que creemos necesarias a la figura y obtenemos la forma S.

CALZÁNDOSE: CHICO

Mientras él o ella se calzan estando de pie, deberemos prestar atención a cómo los chicos y las chicas mantienen el equilibrio.

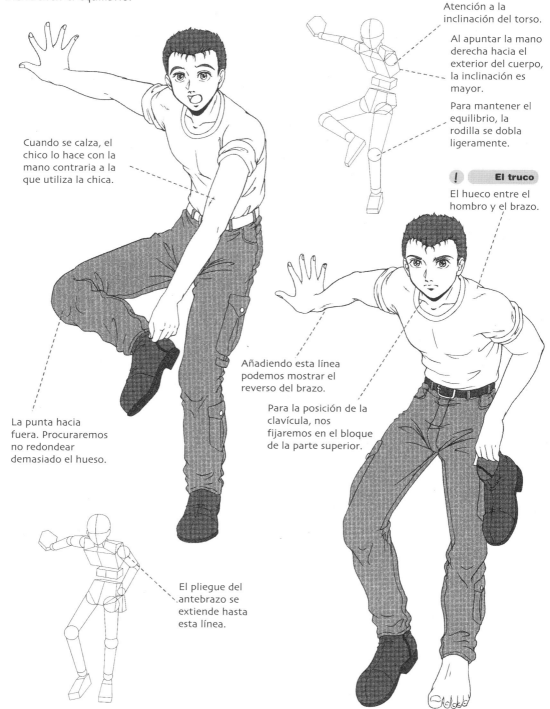

Atención a la inclinación del torso.

Al apuntar la mano derecha hacia el exterior del cuerpo, la inclinación es mayor.

Para mantener el equilibrio, la rodilla se dobla ligeramente.

Cuando se calza, el chico lo hace con la mano contraria a la que utiliza la chica.

! El truco

El hueco entre el hombro y el brazo.

La punta hacia fuera. Procuraremos no redondear demasiado el hueso.

Añadiendo esta línea podemos mostrar el reverso del brazo.

Para la posición de la clavícula, nos fijaremos en el bloque de la parte superior.

El pliegue del antebrazo se extiende hasta esta línea.

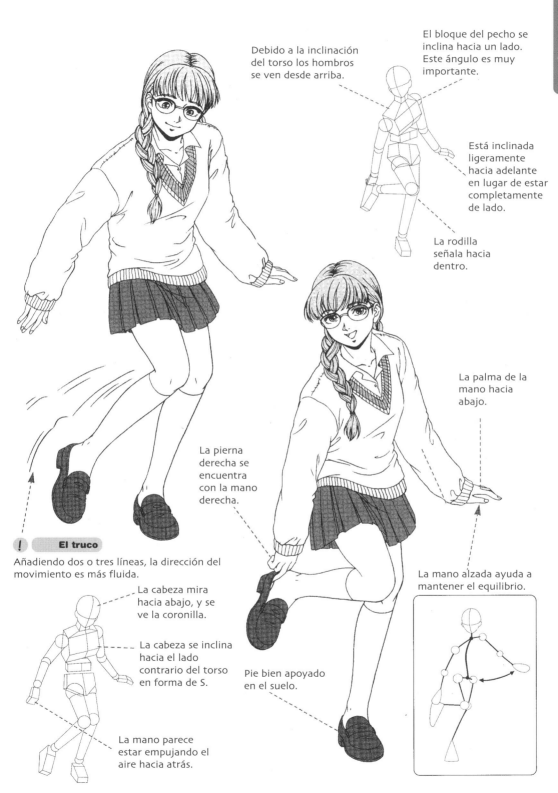

Debido a la inclinación del torso los hombros se ven desde arriba.

El bloque del pecho se inclina hacia un lado. Este ángulo es muy importante.

Está inclinada ligeramente hacia adelante en lugar de estar completamente de lado.

La rodilla señala hacia dentro.

La palma de la mano hacia abajo.

La pierna derecha se encuentra con la mano derecha.

! El truco

Añadiendo dos o tres líneas, la dirección del movimiento es más fluida.

La cabeza mira hacia abajo, y se ve la coronilla.

La cabeza se inclina hacia el lado contrario del torso en forma de S.

La mano parece estar empujando el aire hacia atrás.

Pie bien apoyado en el suelo.

La mano alzada ayuda a mantener el equilibrio.

ESPERANDO

Espera en una actitud despreocupada. "¿Cuándo aparecerá?" El dibujo expresa claramente la situación.

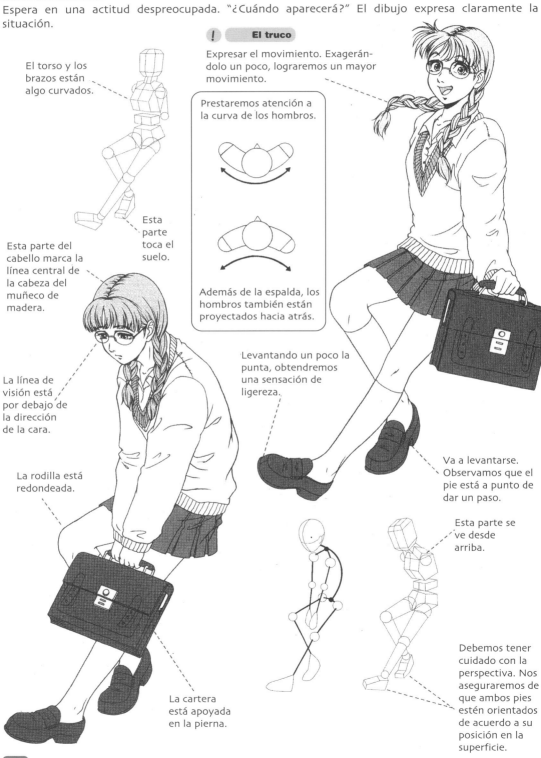

El torso y los brazos están algo curvados.

! El truco

Expresar el movimiento. Exagerándolo un poco, lograremos un mayor movimiento.

Prestaremos atención a la curva de los hombros.

Esta parte toca el suelo.

Además de la espalda, los hombros también están proyectados hacia atrás.

Esta parte del cabello marca la línea central de la cabeza del muñeco de madera.

La línea de visión está por debajo de la dirección de la cara.

Levantando un poco la punta, obtendremos una sensación de ligereza.

La rodilla está redondeada.

Va a levantarse. Observamos que el pie está a punto de dar un paso.

Esta parte se ve desde arriba.

La cartera está apoyada en la pierna.

Debemos tener cuidado con la perspectiva. Nos aseguraremos de que ambos pies estén orientados de acuerdo a su posición en la superficie.

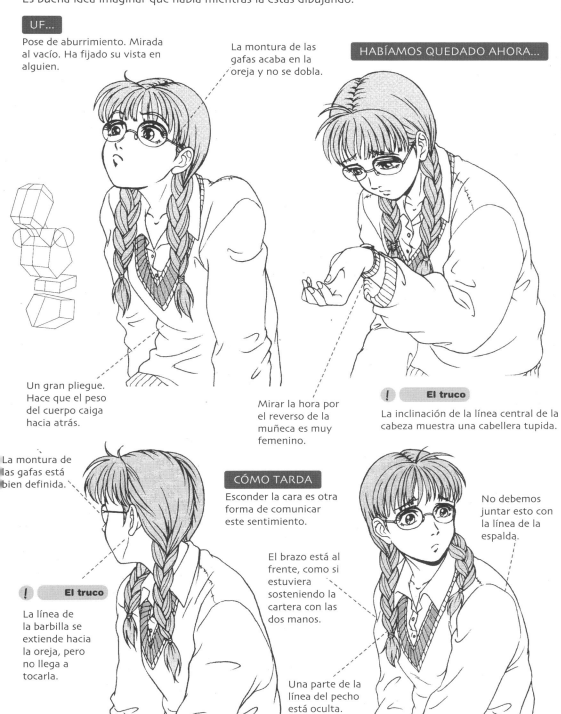

EXPRESAR EMOCIONES CON EL MOVIMIENTO

Es buena idea imaginar que habla mientras la estás dibujando.

UF...

Pose de aburrimiento. Mirada al vacío. Ha fijado su vista en alguien.

La montura de las gafas acaba en la oreja y no se dobla.

HABÍAMOS QUEDADO AHORA...

Un gran pliegue. Hace que el peso del cuerpo caiga hacia atrás.

Mirar la hora por el reverso de la muñeca es muy femenino.

! **El truco**

La inclinación de la línea central de la cabeza muestra una cabellera tupida.

La montura de las gafas está bien definida.

CÓMO TARDA

Esconder la cara es otra forma de comunicar este sentimiento.

! **El truco**

La línea de la barbilla se extiende hacia la oreja, pero no llega a tocarla.

El brazo está al frente, como si estuviera sosteniendo la cartera con las dos manos.

No debemos juntar esto con la línea de la espalda.

Una parte de la línea del pecho está oculta.

EN EL TREN: EL OFICINISTA

Está cansado, le cuesta mantenerse en pie.

 El truco

Agarrando la anilla con sólo dos dedos parece más cansado.

La línea de la barbilla no alcanza la oreja.

La cabeza parece descansar en el brazo y la inclinación sigue el ángulo.

También sostiene su maletín con dos dedos.

La curva hacia arriba muestra un estómago abultado.

Sólo sostiene un asa. Hemos de asegurarnos de incluir estos detalles.

El equilibrio se mantiene con las rodillas dobladas.

Las características del oficinista
1. Le cuesta mantenerse en pie.
2. El estómago sobresale y le da la forma de una S.
3. Los brazos y las piernas son cortos.
4. El traje, maletín y dedos tan descuidados como sea posible.

! El truco

El peso no está soportado de una forma equilibrada por los dos brazos. El hombro del costado donde el peso cae está más bajo.

La cabeza ladeada.

La clavícula del brazo que está adelantado forma un ángulo agudo.

El cuello no se ve.

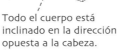

Todo el cuerpo está inclinado en la dirección opuesta a la cabeza.

El brazo, la cabeza y el pecho están inclinados hacia adelante en este orden.

Características del joven cansado
1. Las caderas hundidas y el cuerpo relajado.
2. Uno de los jóvenes carga todo su peso sobre un costado, provocando un cierto desequilibrio.
3. A pesar del cansancio de ambos, comparados con el oficinista los muchachos ofrecen una imagen menos descuidada.

Se sostiene mediante la anilla, así que no todo el peso recae en los pies.

EL SALUDO MILITAR

Especial para escenas de corte militar, que entrañan gestos y costumbres diferentes a los cotidianos. No podemos olvidar esto si queremos darle realismo al dibujo.

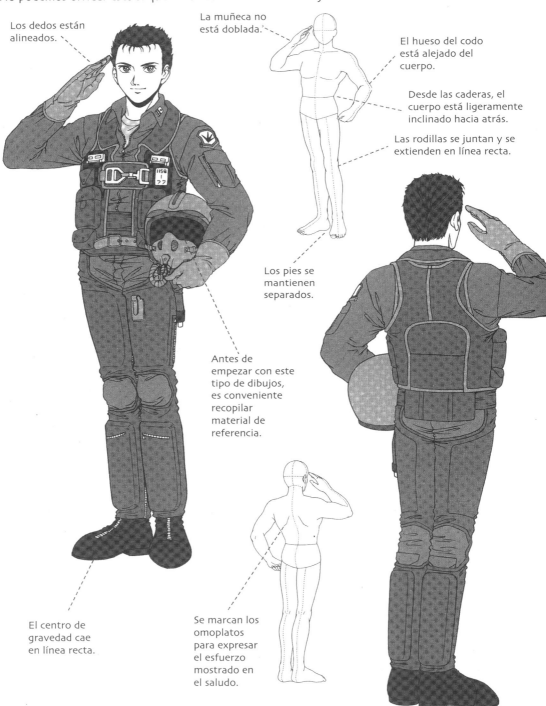

Los dedos están alineados.

La muñeca no está doblada.

El hueso del codo está alejado del cuerpo.

Desde las caderas, el cuerpo está ligeramente inclinado hacia atrás.

Las rodillas se juntan y se extienden en línea recta.

Los pies se mantienen separados.

Antes de empezar con este tipo de dibujos, es conveniente recopilar material de referencia.

El centro de gravedad cae en línea recta.

Se marcan los omoplatos para expresar el esfuerzo mostrado en el saludo.

LA MARINA

El antebrazo está más pegado al cuerpo debido al poco espacio que hay dentro del barco. En lugar de dirigirse hacia un lado, el codo se inclina hacia adelante.

EL EJÉRCITO BRITÁNICO

El codo se abre y la palma de la mano se muestra hacia afuera.

demos expresar la idez de los guantes ediante la costura.

Podemos ver la palma de la mano.

El codo está por encima de la línea del antebrazo.

Los hombros se proyectan hacia atrás.

El ala de la gorra oculta casi por completo la frente.

Debemos tener en cuenta la perspectiva de la palma.

Mirando desde un lado, vemos que la gorra no está en posición horizontal. Podemos contrastarlo fijándonos en la gente que lleva esta clase de gorras.

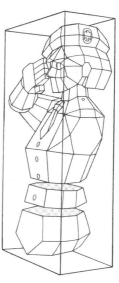

El saludo es diferente en cada ejército. Es conveniente distinguir claramente los más comunes, como el del ejército británico y el de la marina.

EL KARAOKE

Realcemos nuestros dibujos coreografiando poses para obtener una sensación de movimientos con ritmo. Esta pose podemos utilizarla en escenas de baile.

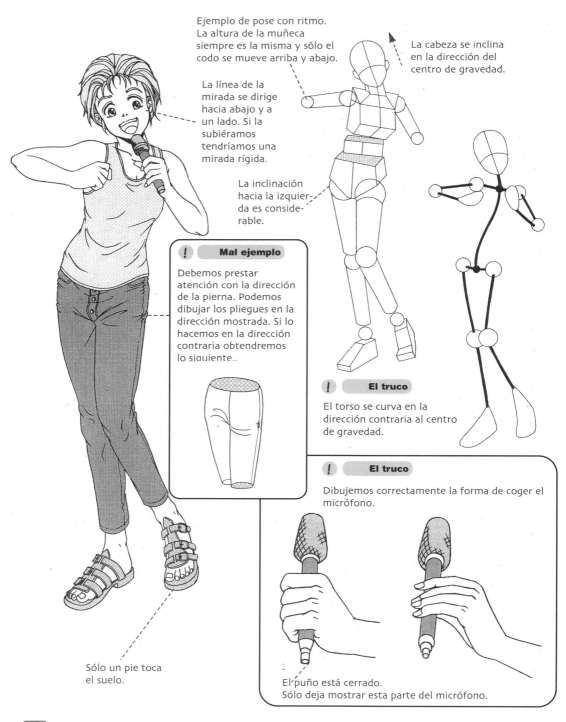

Ejemplo de pose con ritmo. La altura de la muñeca siempre es la misma y sólo el codo se mueve arriba y abajo.

La cabeza se inclina en la dirección del centro de gravedad.

La línea de la mirada se dirige hacia abajo y a un lado. Si la subiéramos tendríamos una mirada rígida.

La inclinación hacia la izquierda es considerable.

! Mal ejemplo

Debemos prestar atención con la dirección de la pierna. Podemos dibujar los pliegues en la dirección mostrada. Si lo hacemos en la dirección contraria obtendremos lo siguiente..

! El truco

El torso se curva en la dirección contraria al centro de gravedad.

! El truco

Dibujemos correctamente la forma de coger el micrófono.

Sólo un pie toca el suelo.

El puño está cerrado. Sólo deja mostrar esta parte del micrófono.

La coreografía según la canción

CANTANDO UNA CANCIÓN TRADICIONAL

La cara levantada y la barbilla extendida.

Las manos se alejan.

La pierna y el torso están ladeados, pero el centro de gravedad es la línea de la nariz.

Ligeramente inclinada hacia atrás.

Las rodillas se tocan.

El centro de gravedad está a la derecha, por lo tanto el cuerpo se inclina hacia ese mismo lado.

LEVANTANDO EL TONO

La cara apunta hacia arriba.

Casi toda la espalda se inclina hacia atrás.

Las rodillas están rectas y ligeramente inclinadas hacia atrás.

Los pies están más separados de lo habitual.

COMO SI ESTUVIERA SOLO

La línea de la mirada se dirige directamente al micrófono.

El brazo se extiende hacia atrás desde el hombro. Debido a la perspectiva, la mano se ve más pequeña.

El torso se tuerce lateralmente.

PONERSE UNOS VAQUEROS

Las rodillas sobresalen creando una pose en forma S cuando la vemos de lado. Ocurre lo mismo con otros pantalones.

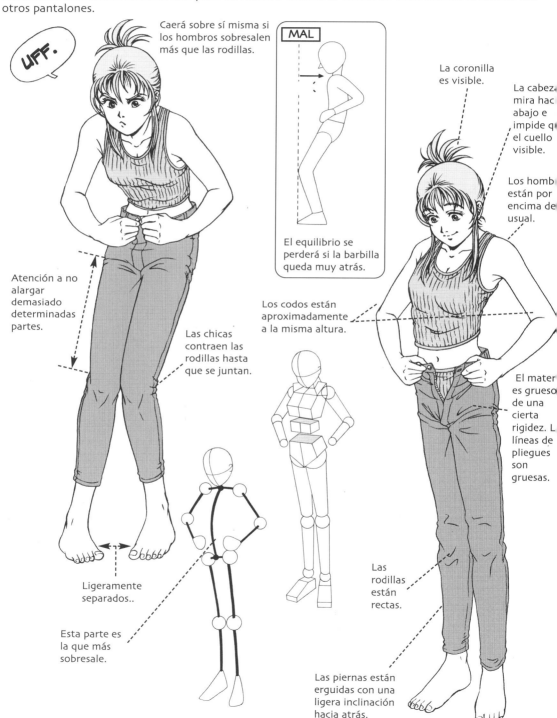

UFF.

Caerá sobre sí misma si los hombros sobresalen más que las rodillas.

MAL

El equilibrio se perderá si la barbilla queda muy atrás.

La coronilla es visible.

La cabeza mira hac abajo e impide q el cuello visible.

Los homb están por encima de usual.

Atención a no alargar demasiado determinadas partes.

Las chicas contraen las rodillas hasta que se juntan.

Los codos están aproximadamente a la misma altura.

El mater es grueso de una cierta rigidez. L líneas de pliegues son gruesas.

Ligeramente separados..

Esta parte es la que más sobresale.

Las rodillas están rectas.

Las piernas están erguidas con una ligera inclinación hacia atrás.

¡ME QUEDA GENIAL!

La cabeza se inclina ligeramente hacia atrás.

Con un hombro ligeramente alzado da la sensación de estar posando.

VISTA DESDE ATRÁS

No se ve nada de la cara.

El codo apunta hacia atrás.

La espalda se inclina hacia atrás ligeramente.

Con la mano flexionada y cogiendo el dobladillo, parece estar muy satisfecha de su aspecto.

Aquí hay un pliegue.

El codo apunta hacia atrás.

Atención a la dirección del movimiento.

Ambas rodillas orientadas en la dirección del movimiento.

Este lado es visible.

Es mejor evitar alargar demasiado las piernas de la rodilla hacia abajo.

Si los dos pies estuvieran pegados al suelo, obtendríamos una pose muy rígida. Sólo pisa con la mitad del pie, es más natural.

El pie se alza y la punta carga con el peso. En este pie se encuentra el centro de gravedad.

Este punto está alineado con la barbilla.

POSAR CON UN DELANTAL

Le está enseñando a su novio su nuevo vestido. Esta pose se puede usar cuando una camarera muestra su nuevo traje. Le queda muy bien un toque teatral.

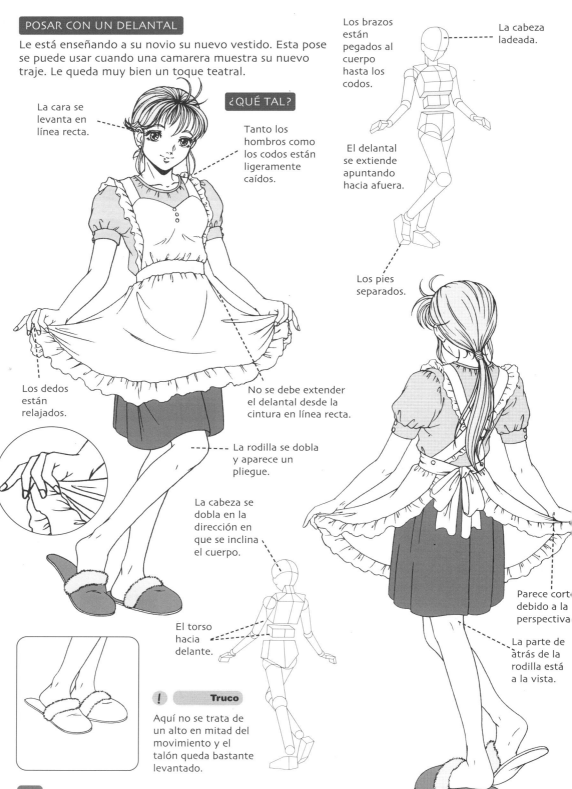

La cara se levanta en línea recta.

¿QUÉ TAL?

Tanto los hombros como los codos están ligeramente caídos.

Los dedos están relajados.

No se debe extender el delantal desde la cintura en línea recta.

La rodilla se dobla y aparece un pliegue.

La cabeza se dobla en la dirección en que se inclina el cuerpo.

El torso hacia delante.

! **Truco**

Aquí no se trata de un alto en mitad del movimiento y el talón queda bastante levantado.

Los brazos están pegados al cuerpo hasta los codos.

La cabeza ladeada.

El delantal se extiende apuntando hacia afuera.

Los pies separados.

Parece corto debido a la perspectiva

La parte de atrás de la rodilla está a la vista.

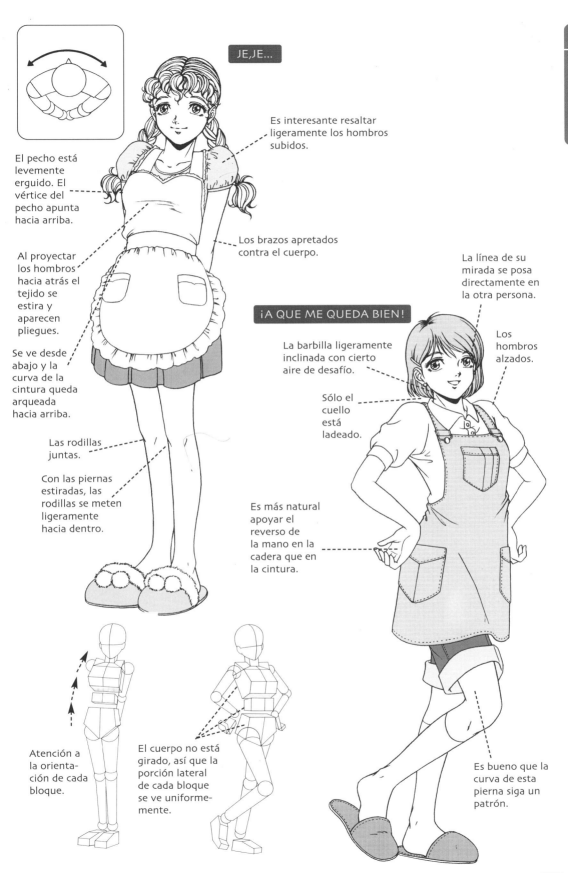

2-3

Distintas poses

JE,JE...

Es interesante resaltar ligeramente los hombros subidos.

El pecho está levemente erguido. El vértice del pecho apunta hacia arriba.

Al proyectar los hombros hacia atrás el tejido se estira y aparecen pliegues.

Se ve desde abajo y la curva de la cintura queda arqueada hacia arriba.

Los brazos apretados contra el cuerpo.

¡A QUE ME QUEDA BIEN!

La barbilla ligeramente inclinada con cierto aire de desafío.

Sólo el cuello está ladeado.

La línea de su mirada se posa directamente en la otra persona.

Los hombros alzados.

Es más natural apoyar el reverso de la mano en la cadera que en la cintura.

Las rodillas juntas.

Con las piernas estiradas, las rodillas se meten ligeramente hacia dentro.

Atención a la orientación de cada bloque.

El cuerpo no está girado, así que la porción lateral de cada bloque se ve uniformemente.

Es bueno que la curva de esta pierna siga un patrón.

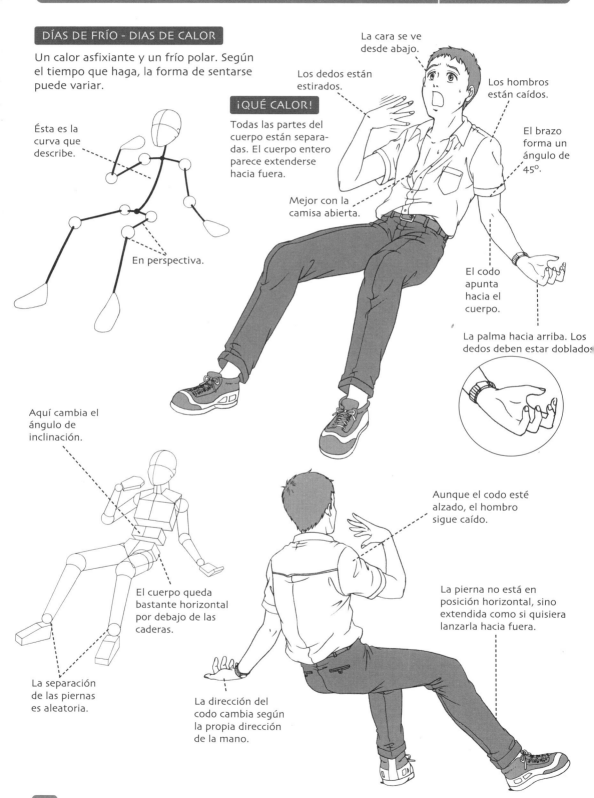

DÍAS DE FRÍO - DIAS DE CALOR

Un calor asfixiante y un frío polar. Según el tiempo que haga, la forma de sentarse puede variar.

Ésta es la curva que describe.

En perspectiva.

¡QUÉ CALOR!

Todas las partes del cuerpo están separadas. El cuerpo entero parece extenderse hacia fuera.

Mejor con la camisa abierta.

La cara se ve desde abajo.

Los dedos están estirados.

Los hombros están caídos.

El brazo forma un ángulo de 45°.

El codo apunta hacia el cuerpo.

La palma hacia arriba. Los dedos deben estar doblados

Aquí cambia el ángulo de inclinación.

El cuerpo queda bastante horizontal por debajo de las caderas.

La separación de las piernas es aleatoria.

La dirección del codo cambia según la propia dirección de la mano.

Aunque el codo esté alzado, el hombro sigue caído.

La pierna no está en posición horizontal, sino extendida como si quisiera lanzarla hacia fuera.

TEMBLAR

Al contrario que en un día caluroso, el cuerpo está encogido. El estómago está curvado hacia dentro.

! ¡Atención!

La mano calienta la oreja. No es igual que reclinar la cabeza en la mano.

Para darle más vida, la cartera puede estar apretada contra el cuerpo.

Si los talones están separados, entonces las puntas deben tocarse.

La cara inclinada.

El brazo estirado con la mano en la rodilla.

Las rodillas se tocan.

! El truco

Desde este punto la dirección de la pose cambia. Podemos compararlo con la figura del día caluroso.

Desde debajo de las caderas está casi en línea recta.

El cuello queda tapado por la bufanda.

Atención a la curva de la espalda.

Poco espacio.

El pie queda ligeramente por delante de la rodilla.

La costura del abrigo, vista desde arriba, parece curvarse hacia abajo.

La línea donde el pie descansa es paralela a la línea de la cintura.

La curva sigue la forma de la pierna y apunta hacia la rodilla.

¡QUÉ FRÍO!

Acurrucada en su colchón en una noche de invierno… Esta posición también puede usarse cuando esté temblando de frío.

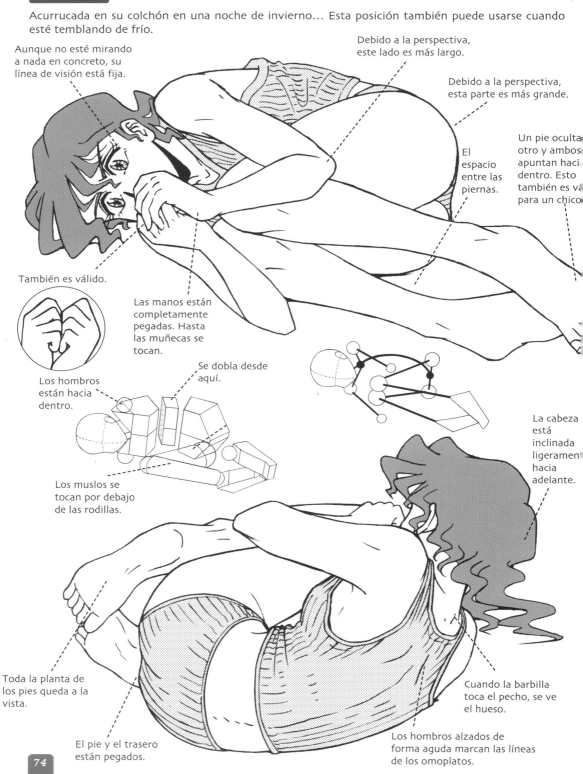

Aunque no esté mirando a nada en concreto, su línea de visión está fija.

Debido a la perspectiva, este lado es más largo.

Debido a la perspectiva, esta parte es más grande.

El espacio entre las piernas.

Un pie oculta otro y ambos apuntan haci dentro. Esto también es vá para un chico

También es válido.

Las manos están completamente pegadas. Hasta las muñecas se tocan.

Los hombros están hacia dentro.

Se dobla desde aquí.

La cabeza está inclinada ligeramen hacia adelante.

Los muslos se tocan por debajo de las rodillas.

Toda la planta de los pies queda a la vista.

Cuando la barbilla toca el pecho, se ve el hueso.

El pie y el trasero están pegados.

Los hombros alzados de forma aguda marcan las líneas de los omoplatos.

SENTADA Y ACURRUCADA

Al sentarse los pies están algo doblados. En lugar de señalar hacia el estómago, los pies apuntan al suelo y se juntan hacia dentro.

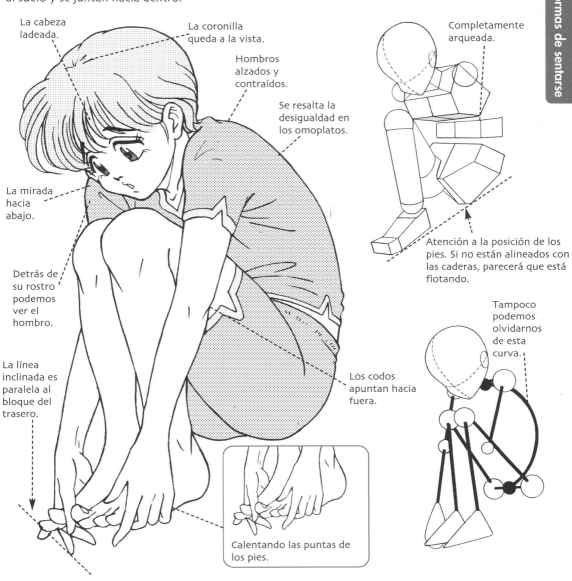

La cabeza ladeada.

La coronilla queda a la vista.

Hombros alzados y contraídos.

Se resalta la desigualdad en los omoplatos.

La mirada hacia abajo.

Detrás de su rostro podemos ver el hombro.

La línea inclinada es paralela al bloque del trasero.

Los codos apuntan hacia fuera.

Calentando las puntas de los pies.

Completamente arqueada.

Atención a la posición de los pies. Si no están alineados con las caderas, parecerá que está flotando.

Tampoco podemos olvidarnos de esta curva.

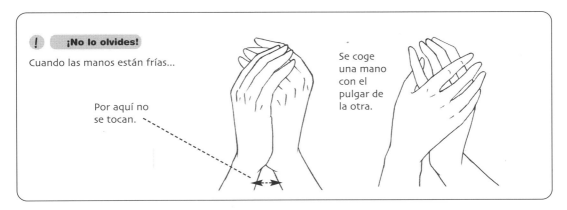

¡No lo olvides!

Cuando las manos están frías...

Por aquí no se tocan.

Se coge una mano con el pulgar de la otra.

ESCRIBIR - UN DIESTRO

Al escribir nos encontramos con varias poses, cada una de ellas varía en relación al estado anímico. Se debe reflejar cada situación utilizando la parte superior del cuerpo.

SERIO

Serio

Otra posibilidad.

CAVILANDO

El codo no soporta el peso del cuerpo porque no se apoya en la mesa.

1. La mirada fija en lo que escribe.
2. La mano que coge el lápiz está flexionada.
3. La mano izquierda sujeta el papel.

1. La mano izquierda se deja caer.
2. La mano derecha coge algunos mechones.

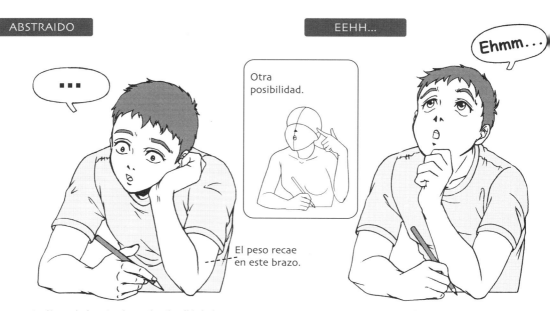

ABSTRAIDO

...

Otra posibilidad.

El peso recae en este brazo.

EEHH...

Ehmm...

1. La línea de la mirada está más allá de lo que está escribiendo (dibujar una mirada perdida también es correcto).
2. Apoya su barbilla en la mano.
3. No coge el lápiz firmemente.

1. La mano izquierda descansa sobre la barbilla.
2. El ángulo superior de la línea de la mirada queda muy real (visto desde abajo).
3. Coge el lápiz despreocupadamente.

Los hombros levantados indican que está concentrada en lo que hace. Pero el resto de cuerpo está relajado.

Atención a la curva de la espalda.

La mano aguanta la barbilla y la cabeza se inclina.

La línea de la mirada fija en lo que escribe.

En este punto, el ángulo cambia bruscamente.

El pliegue sigue los bloques del pecho y caderas del muñeco de madera.

El movimiento de los pies muestra unos tobillos relajados.

En el lado donde la barbilla descansa en la mano, el hombro está más alto.

Un pie tapa el otro.

Al levantar los hombros, sólo la mitad de la parte de atrás de la cabeza es visible.

Debido a los hombros levantados, las placas están cerca.

Los codos apuntan ligeramente hacia los lados. La mano que escribe está más adelantada.

Debido a los hombros levantados, las placas están cerca.

El truco ¿Es complicado dibujar una cabeza inclinada hacia abajo?

1. La coronilla se ve.
2. La distancia entre los ojos y la barbilla es aproximadamente una tercera parte del total de la cabeza.
3. La línea de los hombros empieza en la parte superior de las orejas.
4. La boca se curva hacia abajo.

COMER ARROZ

Los codos se abren de diferente manera según cómo sujete un cuenco de arroz o los palillos. La forma en que el cuello y los hombros se mueven es muy importante.

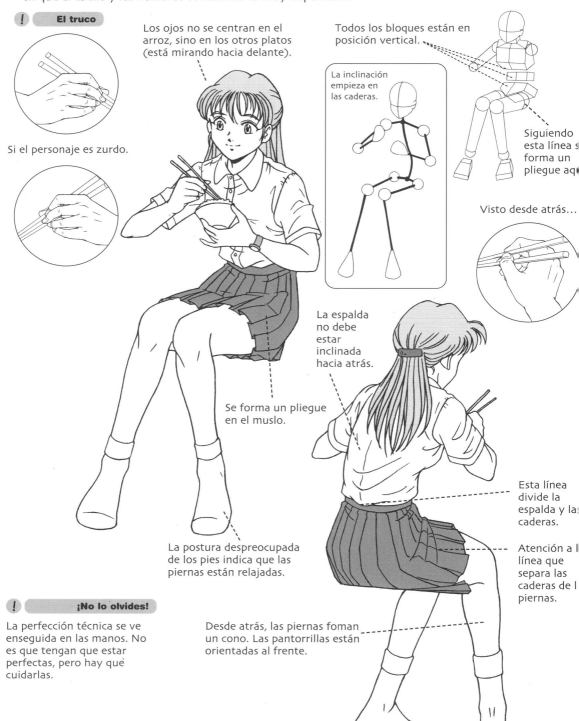

! El truco

Los ojos no se centran en el arroz, sino en los otros platos (está mirando hacia delante).

Si el personaje es zurdo.

Todos los bloques están en posición vertical.

La inclinación empieza en las caderas.

Siguiendo esta línea s forma un pliegue aq

Visto desde atrás…

La espalda no debe estar inclinada hacia atrás.

Se forma un pliegue en el muslo.

Esta línea divide la espalda y la caderas.

Atención a l línea que separa las caderas de l piernas.

La postura despreocupada de los pies indica que las piernas están relajadas.

! ¡No lo olvides!

La perfección técnica se ve enseguida en las manos. No es que tengan que estar perfectas, pero hay qué cuidarlas.

Desde atrás, las piernas foman un cono. Las pantorrillas están orientadas al frente.

SERVIRSE LA COMIDA

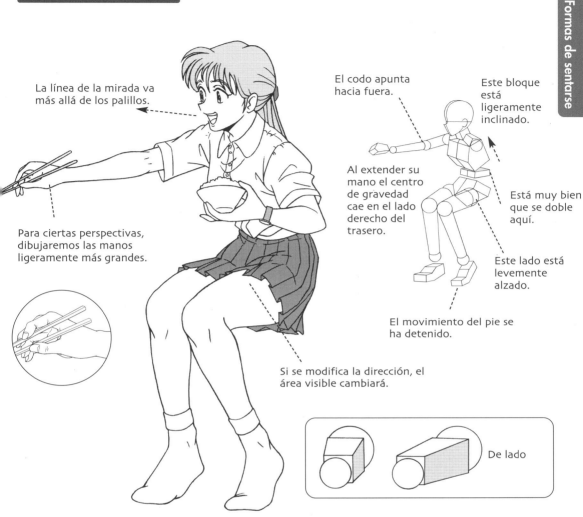

La línea de la mirada va más allá de los palillos.

Para ciertas perspectivas, dibujaremos las manos ligeramente más grandes.

El codo apunta hacia fuera.

Este bloque está ligeramente inclinado.

Al extender su mano el centro de gravedad cae en el lado derecho del trasero.

Está muy bien que se doble aquí.

Este lado está levemente alzado.

El movimiento del pie se ha detenido.

Si se modifica la dirección, el área visible cambiará.

De lado

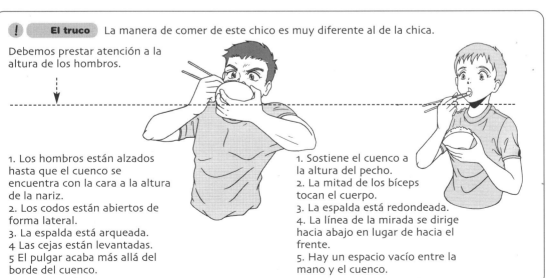

! **El truco** La manera de comer de este chico es muy diferente al de la chica.

Debemos prestar atención a la altura de los hombros.

1. Los hombros están alzados hasta que el cuenco se encuentra con la cara a la altura de la nariz.
2. Los codos están abiertos de forma lateral.
3. La espalda está arqueada.
4 Las cejas están levantadas.
5 El pulgar acaba más allá del borde del cuenco.

1. Sostiene el cuenco a la altura del pecho.
2. La mitad de los bíceps tocan el cuerpo.
3. La espalda está redondeada.
4. La línea de la mirada se dirige hacia abajo en lugar de hacia el frente.
5. Hay un espacio vacío entre la mano y el cuenco.

Puede que esté esperando en un hospital o los resultados de los exámenes. Parece inquieta y algo nerviosa.

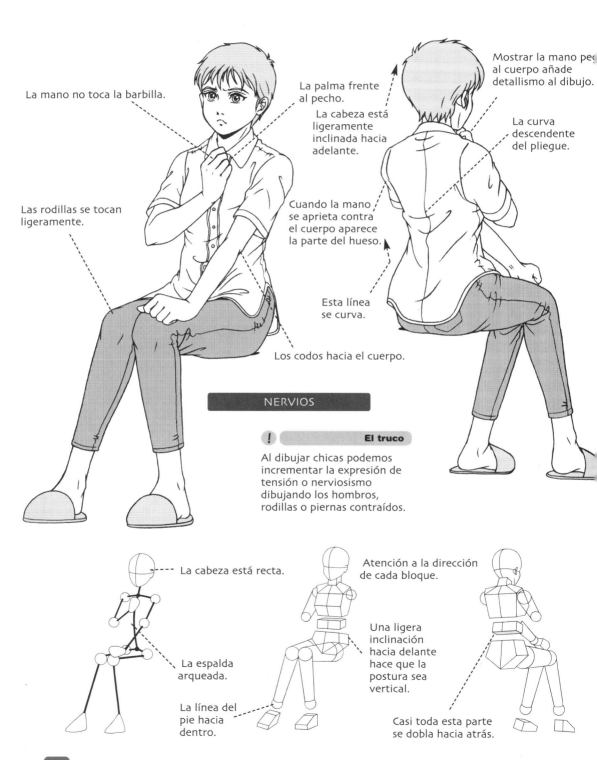

La mano no toca la barbilla.

La palma frente al pecho.

La cabeza está ligeramente inclinada hacia adelante.

Mostrar la mano pe[...] al cuerpo añade detallismo al dibujo.

La curva descendente del pliegue.

Las rodillas se tocan ligeramente.

Cuando la mano se aprieta contra el cuerpo aparece la parte del hueso.

Esta línea se curva.

Los codos hacia el cuerpo.

NERVIOS

! El truco

Al dibujar chicas podemos incrementar la expresión de tensión o nerviosismo dibujando los hombros, rodillas o piernas contraídos.

La cabeza está recta.

La espalda arqueada.

La línea del pie hacia dentro.

Atención a la dirección de cada bloque.

Una ligera inclinación hacia delante hace que la postura sea vertical.

Casi toda esta parte se dobla hacia atrás.

LA VACILACIÓN

La revisión ha terminado y se está abrochando los botones de la camisa. Veamos su timidez a través de los detalles.

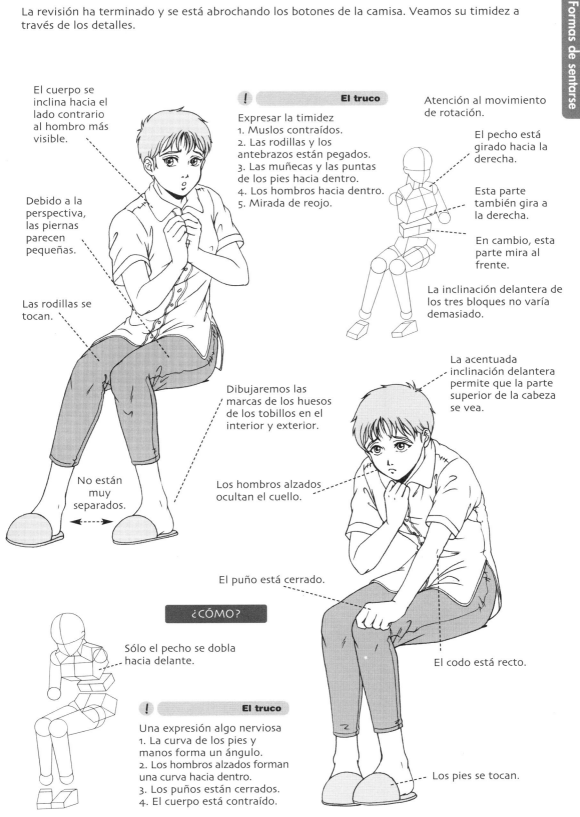

El cuerpo se inclina hacia el lado contrario al hombro más visible.

Debido a la perspectiva, las piernas parecen pequeñas.

Las rodillas se tocan.

No están muy separados.

! El truco

Expresar la timidez
1. Muslos contraídos.
2. Las rodillas y los antebrazos están pegados.
3. Las muñecas y las puntas de los pies hacia dentro.
4. Los hombros hacia dentro.
5. Mirada de reojo.

Atención al movimiento de rotación.

El pecho está girado hacia la derecha.

Esta parte también gira a la derecha.

En cambio, esta parte mira al frente.

La inclinación delantera de los tres bloques no varía demasiado.

Dibujaremos las marcas de los huesos de los tobillos en el interior y exterior.

La acentuada inclinación delantera permite que la parte superior de la cabeza se vea.

Los hombros alzados ocultan el cuello.

El puño está cerrado.

¿CÓMO?

Sólo el pecho se dobla hacia delante.

! El truco

Una expresión algo nerviosa
1. La curva de los pies y manos forma un ángulo.
2. Los hombros alzados forman una curva hacia dentro.
3. Los puños están cerrados.
4. El cuerpo está contraído.

El codo está recto.

Los pies se tocan.

Cuando el cuerpo se apoya en todas las extremidades, la espalda se dobla mucho más de lo normal. Debemos dibujar el pecho mirando al suelo. Si se trata de un periódico es más correcto dibujar las dos manos sujetándolo.

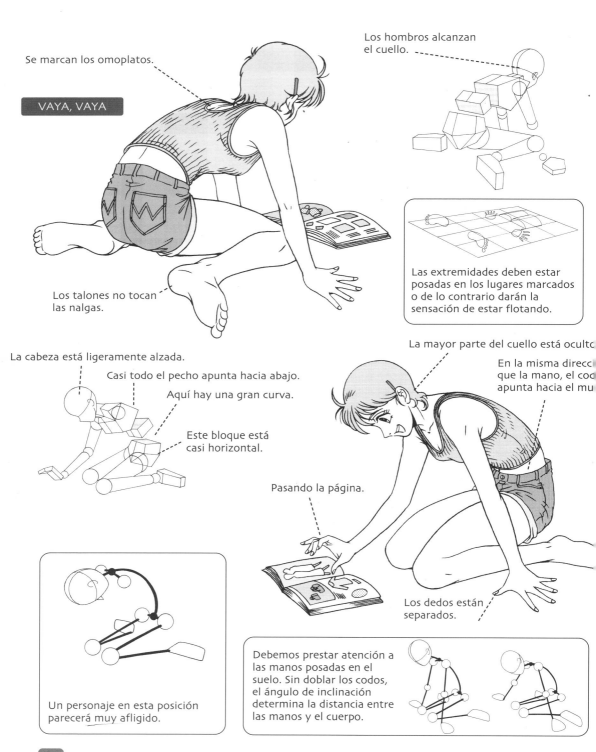

Se marcan los omoplatos.

VAYA, VAYA

Los hombros alcanzan el cuello.

Los talones no tocan las nalgas.

Las extremidades deben estar posadas en los lugares marcados o de lo contrario darán la sensación de estar flotando.

La mayor parte del cuello está oculto

En la misma direcc que la mano, el cod apunta hacia el mu

La cabeza está ligeramente alzada.

Casi todo el pecho apunta hacia abajo.

Aquí hay una gran curva.

Este bloque está casi horizontal.

Pasando la página.

Los dedos están separados.

Un personaje en esta posición parecerá muy afligido.

Debemos prestar atención a las manos posadas en el suelo. Sin doblar los codos, el ángulo de inclinación determina la distancia entre las manos y el cuerpo.

La parte superior de la cabeza se ve.

La punta del pie, que se ve por detrás del brazo

Con el torso erguido, la mano queda cerca del cuerpo.

Está alineada con el punto de fuga de las caderas.

Al inclinarse hacia delante el pecho, el estómago queda parcialmente tapado.

sienta sobre a pierna.

La revista toca la rodilla.

¡NO PUEDE SER!

Se sorprende y levanta la revista inconscientemente sin apartar la mirada de ella.

Tiene la misma anchura que separa a los hombros. El ángulo de la página y el del bloque de los hombros es el mismo.

La línea de la mirada está por debajo de la inclinación de la cabeza.

bemos prestar atención a altura de las manos.

Las manos están en posición vertical y sujetan la revista con fuerza.

El cuello inclinado hacia atrás.

línea entre las nos es paralela a la te superior del que de los mbros.

Desde este punto se dobla hacia atrás.

Los codos están ligeramente doblados.

El alivio después de los nervios. Al trabajar con esta pose es conveniente indicar que las partes del cuerpo están totalmente relajadas.

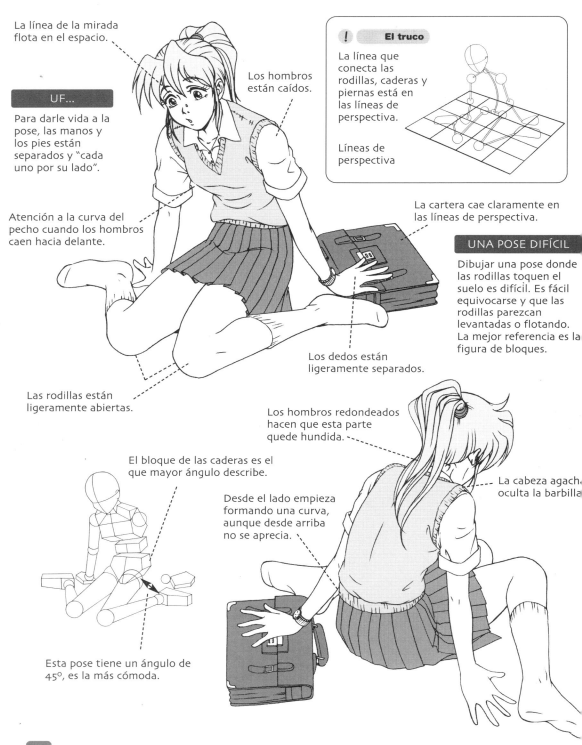

La línea de la mirada flota en el espacio.

Los hombros están caídos.

! El truco

La línea que conecta las rodillas, caderas y piernas está en las líneas de perspectiva.

Líneas de perspectiva

UF...

Para darle vida a la pose, las manos y los pies están separados y "cada uno por su lado".

Atención a la curva del pecho cuando los hombros caen hacia delante.

La cartera cae claramente en las líneas de perspectiva.

UNA POSE DIFÍCIL

Dibujar una pose donde las rodillas toquen el suelo es difícil. Es fácil equivocarse y que las rodillas parezcan levantadas o flotando. La mejor referencia es la figura de bloques.

Los dedos están ligeramente separados.

Las rodillas están ligeramente abiertas.

Los hombros redondeados hacen que esta parte quede hundida.

El bloque de las caderas es el que mayor ángulo describe.

Desde el lado empieza formando una curva, aunque desde arriba no se aprecia.

La cabeza agach. oculta la barbilla

Esta pose tiene un ángulo de 45°, es la más cómoda.

Parece abatida, la tristeza le impide hablar. Se apoya contra la pared y deja caer las manos, que tocan el suelo. Podemos acentuar su soledad utilizando pequeños trucos.

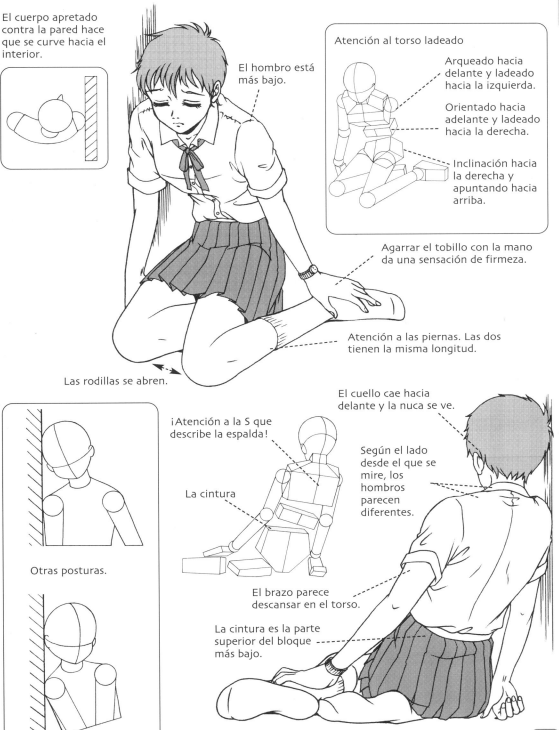

El cuerpo apretado contra la pared hace que se curve hacia el interior.

El hombro está más bajo.

Atención al torso ladeado

Arqueado hacia delante y ladeado hacia la izquierda.

Orientado hacia adelante y ladeado hacia la derecha.

Inclinación hacia la derecha y apuntando hacia arriba.

Agarrar el tobillo con la mano da una sensación de firmeza.

Atención a las piernas. Las dos tienen la misma longitud.

Las rodillas se abren.

El cuello cae hacia delante y la nuca se ve.

¡Atención a la S que describe la espalda!

La cintura

Según el lado desde el que se mire, los hombros parecen diferentes.

Otras posturas.

El brazo parece descansar en el torso.

La cintura es la parte superior del bloque más bajo.

Al atarse los cordones se inclina ligeramente hacia adelante. Es una escena matinal.

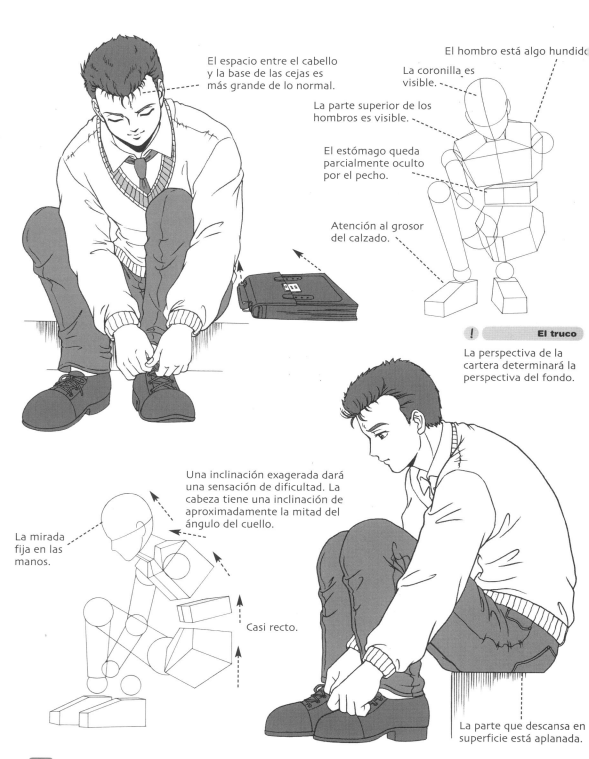

El espacio entre el cabello y la base de las cejas es más grande de lo normal.

El hombro está algo hundido

La coronilla es visible.

La parte superior de los hombros es visible.

El estómago queda parcialmente oculto por el pecho.

Atención al grosor del calzado.

! El truco

La perspectiva de la cartera determinará la perspectiva del fondo.

Una inclinación exagerada dará una sensación de dificultad. La cabeza tiene una inclinación de aproximadamente la mitad del ángulo del cuello.

La mirada fija en las manos.

Casi recto.

La parte que descansa en superficie está aplanada.

En lugar de una pose relajada, nos encontramos con una figura en tensión.

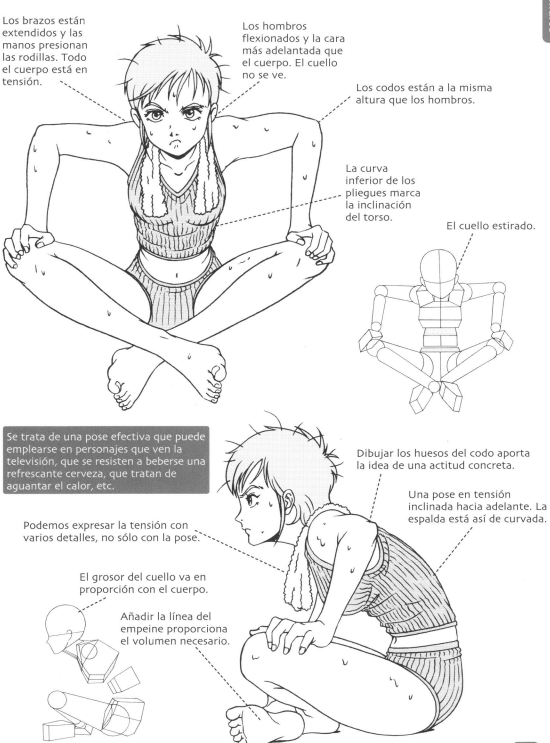

Los brazos están extendidos y las manos presionan las rodillas. Todo el cuerpo está en tensión.

Los hombros flexionados y la cara más adelantada que el cuerpo. El cuello no se ve.

Los codos están a la misma altura que los hombros.

La curva inferior de los pliegues marca la inclinación del torso.

El cuello estirado.

Se trata de una pose efectiva que puede emplearse en personajes que ven la televisión, que se resisten a beberse una refrescante cerveza, que tratan de aguantar el calor, etc.

Dibujar los huesos del codo aporta la idea de una actitud concreta.

Una pose en tensión inclinada hacia adelante. La espalda está así de curvada.

Podemos expresar la tensión con varios detalles, no sólo con la pose.

El grosor del cuello va en proporción con el cuerpo.

Añadir la línea del empeine proporciona el volumen necesario.

Es muy femenino juntar las rodillas hasta que se tocan. En el caso de un chico, es mejor que cruce los brazos en una posición inferior y que tenga las rodillas más separadas.

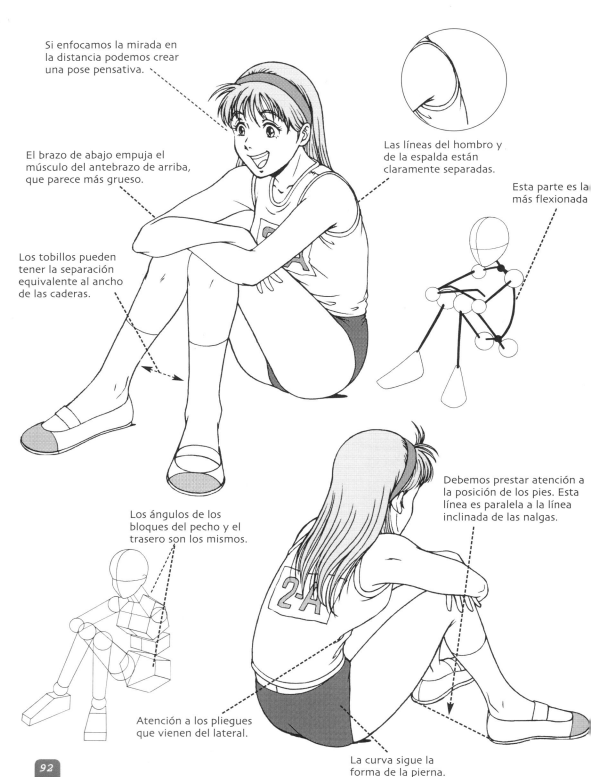

Si enfocamos la mirada en la distancia podemos crear una pose pensativa.

El brazo de abajo empuja el músculo del antebrazo de arriba, que parece más grueso.

Los tobillos pueden tener la separación equivalente al ancho de las caderas.

Las líneas del hombro y de la espalda están claramente separadas.

Esta parte es la más flexionada

Los ángulos de los bloques del pecho y el trasero son los mismos.

Debemos prestar atención a la posición de los pies. Esta línea es paralela a la línea inclinada de las nalgas.

Atención a los pliegues que vienen del lateral.

La curva sigue la forma de la pierna.

¡VENGA!

Levantarse de una silla.

Una pose torcida.

Derecha: hacia abajo.

Izquierda: hacia atrás y en horizontal.

Debemos prestar atención a la dirección de cada uno de los bloques.

! El truco

Las caderas y los hombros se inclinan en direcciones opuestas.

No debemos dibujar las puntas de los pies apuntando hacia fuera.

Dibujar los talones apuntando hacia adentro provoca un desequilibrio y el consiguiente riesgo de inestabilidad.

Doblar ambas piernas en el mismo ángulo es antinatural.

Esta rodilla apunta hacia fuera.

Esta rodilla apunta hacia dentro.

La pierna está más adelantada. Lo va en proporción con el cuerpo.

cara apunta hacia arriba.

cuello no se ve.

torso está muy clinado hacia elante. El mbro del brazo e toca el suelo tá inclinado y unta hacia ajo.

Atención a la dirección de la mano.

! El truco

El centro de gravedad se extiende desde las nalgas hasta la mano de apoyo y termina en las rodillas.

Las rodillas deben dibujarse así.

El bloque está muy torcido.

El cuerpo se apoya sobre los tres puntos de las piernas y la mano.

En esta postura toda la fuerza está concentrada en una dirección. Dibujando de forma diferente la mano derecha, esta ilustración sirve para mostrar cómo alguien está empujando un objeto pesado.

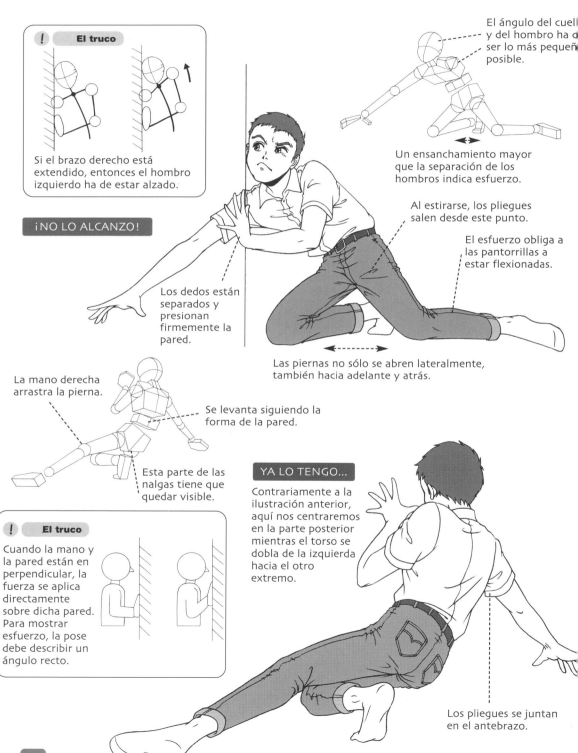

El ángulo del cuell
y del hombro ha d
ser lo más pequeñ
posible.

El truco

Si el brazo derecho está extendido, entonces el hombro izquierdo ha de estar alzado.

Un ensanchamiento mayor que la separación de los hombros indica esfuerzo.

¡NO LO ALCANZO!

Al estirarse, los pliegues salen desde este punto.

El esfuerzo obliga a las pantorrillas a estar flexionadas.

Los dedos están separados y presionan firmemente la pared.

Las piernas no sólo se abren lateralmente, también hacia adelante y atrás.

La mano derecha arrastra la pierna.

Se levanta siguiendo la forma de la pared.

Esta parte de las nalgas tiene que quedar visible.

YA LO TENGO...

Contrariamente a la ilustración anterior, aquí nos centraremos en la parte posterior mientras el torso se dobla de la izquierda hacia el otro extremo.

El truco

Cuando la mano y la pared están en perpendicular, la fuerza se aplica directamente sobre dicha pared. Para mostrar esfuerzo, la pose debe describir un ángulo recto.

Los pliegues se juntan en el antebrazo.

¡LO VEO!

Aquí tenemos una composición con la perspectiva muy marcada. Cuando intenta agarrar un objeto, la mano está en escorzo y se dibuja del mismo tamaño que la cabeza, aproximadamente.

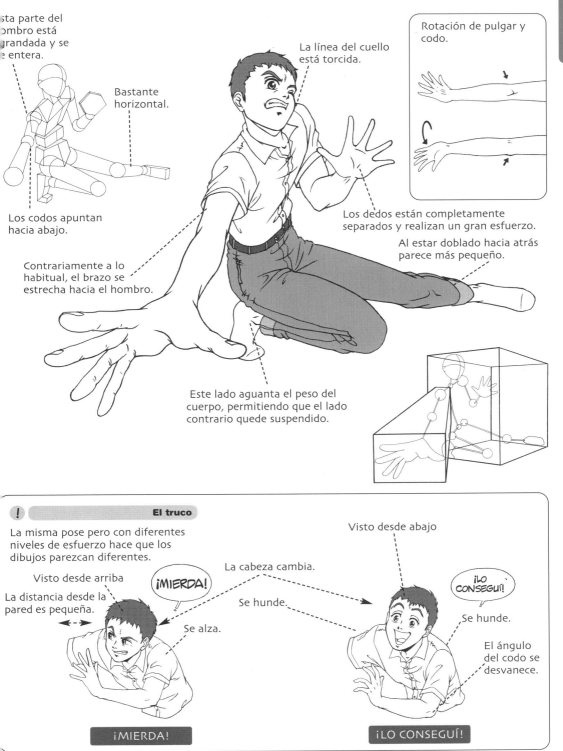

sta parte del ombro está grandada y se e entera.

Bastante horizontal.

La línea del cuello está torcida.

Rotación de pulgar y codo.

Los codos apuntan hacia abajo.

Los dedos están completamente separados y realizan un gran esfuerzo.

Al estar doblado hacia atrás parece más pequeño.

Contrariamente a lo habitual, el brazo se estrecha hacia el hombro.

Este lado aguanta el peso del cuerpo, permitiendo que el lado contrario quede suspendido.

El truco

La misma pose pero con diferentes niveles de esfuerzo hace que los dibujos parezcan diferentes.

Visto desde abajo

Visto desde arriba

La cabeza cambia.

¡MIERDA!

¡LO CONSEGUÍ!

La distancia desde la pared es pequeña.

Se hunde.

Se alza.

Se hunde.

El ángulo del codo se desvanece.

¡MIERDA!

¡LO CONSEGUÍ!

Dibujaremos las partes más sueltas (las mangas y el cuello) y las partes más ajustadas (hombros y obi) de forma diferente.

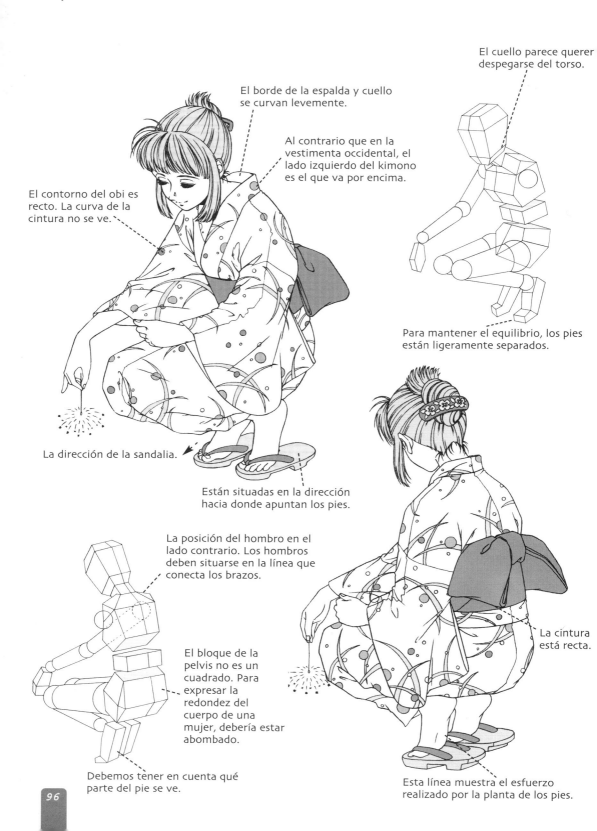

El cuello parece querer despegarse del torso.

El borde de la espalda y cuello se curvan levemente.

Al contrario que en la vestimenta occidental, el lado izquierdo del kimono es el que va por encima.

El contorno del obi es recto. La curva de la cintura no se ve.

Para mantener el equilibrio, los pies están ligeramente separados.

La dirección de la sandalia.

Están situadas en la dirección hacia donde apuntan los pies.

La posición del hombro en el lado contrario. Los hombros deben situarse en la línea que conecta los brazos.

El bloque de la pelvis no es un cuadrado. Para expresar la redondez del cuerpo de una mujer, debería estar abombado.

La cintura está recta.

Debemos tener en cuenta qué parte del pie se ve.

Esta línea muestra el esfuerzo realizado por la planta de los pies.

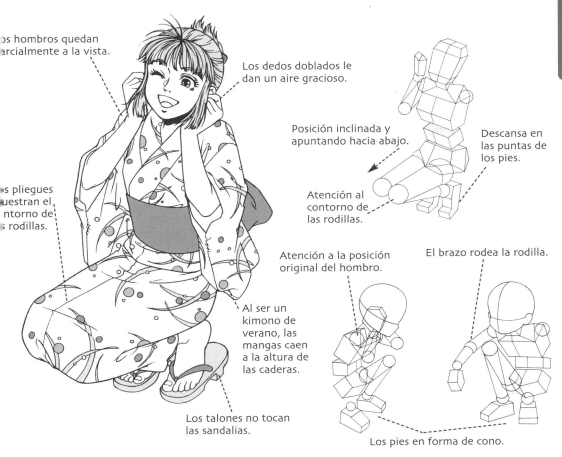

Los hombros quedan parcialmente a la vista.

Los dedos doblados le dan un aire gracioso.

Posición inclinada y apuntando hacia abajo.

Descansa en las puntas de los pies.

Los pliegues muestran el contorno de las rodillas.

Atención al contorno de las rodillas.

Atención a la posición original del hombro.

El brazo rodea la rodilla.

Al ser un kimono de verano, las mangas caen a la altura de las caderas.

Los talones no tocan las sandalias.

Los pies en forma de cono.

Se puede dar un toque de expresión exagerando las manos y los pies.

Si el niño es mayor que la niña, las manos y pies deberían ser más grandes que los de ella.

La línea de la pantorrilla viene antes que la línea del muslo.

ponerse en cuclillas, s talones quedan gados al suelo.

Si el centro de gravedad no cae en el centro del cuerpo, la bicicleta caerá. Dependiendo del diseño de la bicicleta, la forma de doblar los codos y la altura de las manos cambiará. Vamos a intentarlo.

! El truco

La nariz (el centro de gravedad) está alineada con el pie sobre el cual descansa el peso del cuerpo.

La espalda está ligeramente curvada.

El rostro se alza, mirando a un lado como si se preguntara "¿falta mucho?".

El hombro está más bajo en el lado donde el pie toca el suelo.

La cadera está caída.

EN EL SEMÁFORO

Cuando la bicicleta está erguida, ambas manos están a la misma altura.

Al estar sentada este bloque se encuentra ligeramente reclinado.

El peso del cuerpo cae en este pie.

Montada en la bicicleta, sus rodillas apuntan hacia fuera.

La falda cae entre las piernas.

En este plano el cuello no se ve.

La rodilla apunta hacia abajo.

Debido a la perspectiva, la pierna curvada parece más pequeña.

Las perspectivas del personaje y la bicicleta deben concordar.

La rodilla de la pierna que descansa en el suelo está ligeramente inclinada.

La bicicleta está en una caja de perspectiva.

La inclinación de la rodilla hace que esté atrás casi en su totalidad.

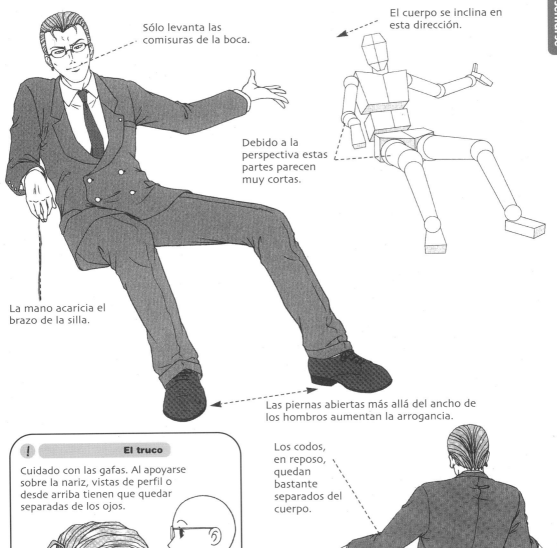

El cuerpo se inclina en esta dirección.

Sólo levanta las comisuras de la boca.

Debido a la perspectiva estas partes parecen muy cortas.

La mano acaricia el brazo de la silla.

Las piernas abiertas más allá del ancho de los hombros aumentan la arrogancia.

El truco

Cuidado con las gafas. Al apoyarse sobre la nariz, vistas de perfil o desde arriba tienen que quedar separadas de los ojos.

Bien

Mal

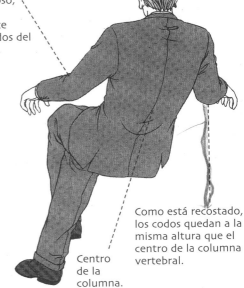

Los codos, en reposo, quedan bastante separados del cuerpo.

Como está recostado, los codos quedan a la misma altura que el centro de la columna vertebral.

Centro de la columna.

Una mujer sola sentada en la barra de un bar y sumida en sus pensamientos. A pesar de su postura adulta, tiene un aire muy dulce.

Podemos ver uno de los hombros.

! El truco

La parte de atrás de la rodilla de la pierna cruzada se apoya justo encima de la otra rodilla.

La parte que está encima del asiento queda plana.

Este codo no está apoyado en la barra, así que queda más bajo.

Sin cruzar.

! El truco

Es muy difícil dibujar las rodillas en esta posición. Resulta mucho más fácil si las tratamos como si fueran columnas.

La postura del cuer deja visible la parte superior del hombr

¡Cuidado con dibujar las manos demasiado pequeñas! Aunque e tamaño depende de cada personaje, las puntas de los dedos deben quedar un poc más arriba de la altur de los ojos en los personajes adultos.

Acariciar los objetos con la punta de los dedo es muy femenino

El cuello está ladeado n dirección opuesta l interlocutor.

La mirada está fija en el otro. Mirar hacia arriba es muy coqueto.

¡QUÉ BUENO!

¿A QUE SÍ?

Los codos apoyados en la barra + la barbilla sobre las manos.

Cuando los hombros están alzados no se ve el cuello.

La posición es diferente a la de la figura de al lado. Compara el cuello.

Observamos el modelo de madera.

El bíceps empieza aquí.

Los codos están a la misma altura.

PUES NO.

¡Cuidado con los pendientes! No hay que olvidar que el oído izquierdo está ahí.

Para que el pecho quede más bonito dibujamos la parte superior con una línea recta y la inferior con una línea curva.

Al levantar el hombro la clavícula también sube.

MMMH.

Esta pequeña curva expresa suavidad.

razalete se e en la parte en que el brazo se e más grueso.

Si tiene la espalda recta, la curva de la columna y las nalgas parecen una S, vistas de perfil.

UN ABRAZO

Una chica muy dulce está con su novio. Le quiere mucho. Es importante expresar la diferencia entre la fuerza física de ambos.

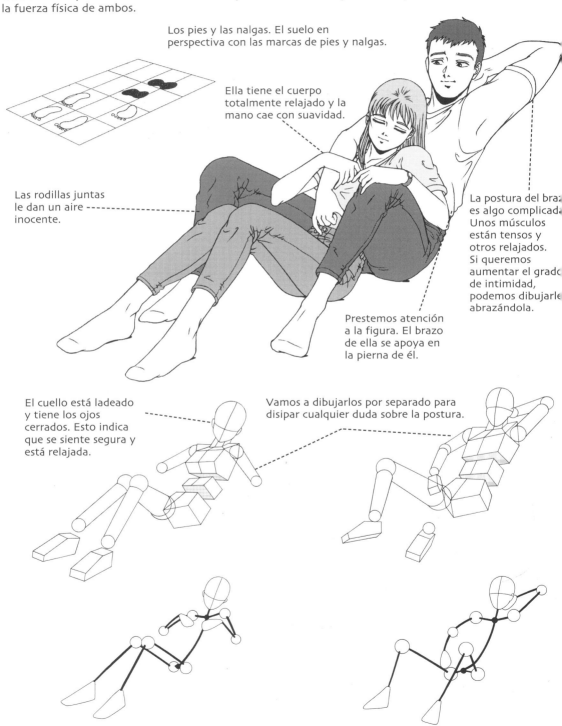

Los pies y las nalgas. El suelo en perspectiva con las marcas de pies y nalgas.

Ella tiene el cuerpo totalmente relajado y la mano cae con suavidad.

Las rodillas juntas le dan un aire inocente.

La postura del bra... es algo complicad... Unos músculos están tensos y otros relajados. Si queremos aumentar el grad... de intimidad, podemos dibujarle... abrazándola.

Prestemos atención a la figura. El brazo de ella se apoya en la pierna de él.

El cuello está ladeado y tiene los ojos cerrados. Esto indica que se siente segura y está relajada.

Vamos a dibujarlos por separado para disipar cualquier duda sobre la postura.

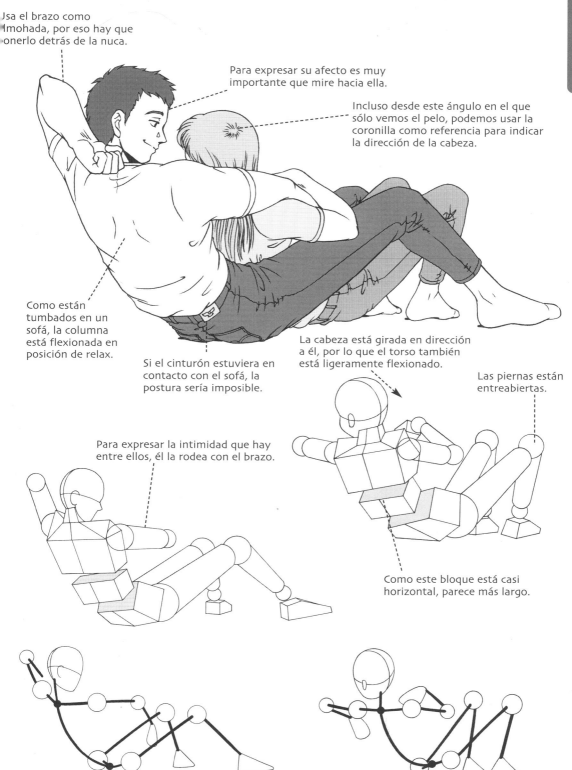

Usa el brazo como almohada, por eso hay que ponerlo detrás de la nuca.

Para expresar su afecto es muy importante que mire hacia ella.

Incluso desde este ángulo en el que sólo vemos el pelo, podemos usar la coronilla como referencia para indicar la dirección de la cabeza.

Como están tumbados en un sofá, la columna está flexionada en posición de relax.

Si el cinturón estuviera en contacto con el sofá, la postura sería imposible.

La cabeza está girada en dirección a él, por lo que el torso también está ligeramente flexionado.

Las piernas están entreabiertas.

Para expresar la intimidad que hay entre ellos, él la rodea con el brazo.

Como este bloque está casi horizontal, parece más largo.

¿Qué hago? Incluso cuando se tumba para relajarse su mente está llena de preocupaciones. En esta postura se nota que no deja de darle vueltas a algo.

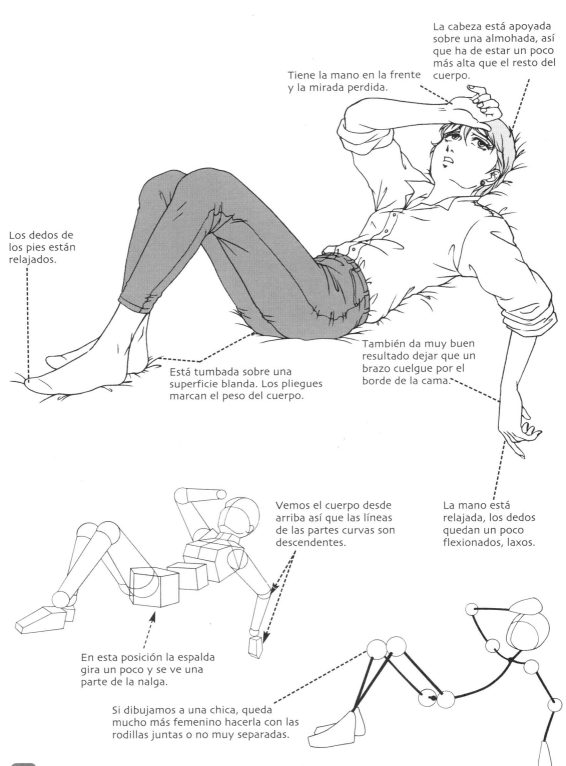

La cabeza está apoyada sobre una almohada, así que ha de estar un poco más alta que el resto del cuerpo.

Tiene la mano en la frente y la mirada perdida.

Los dedos de los pies están relajados.

Está tumbada sobre una superficie blanda. Los pliegues marcan el peso del cuerpo.

También da muy buen resultado dejar que un brazo cuelgue por el borde de la cama.

Vemos el cuerpo desde arriba así que las líneas de las partes curvas son descendentes.

La mano está relajada, los dedos quedan un poco flexionados, laxos.

En esta posición la espalda gira un poco y se ve una parte de la nalga.

Si dibujamos a una chica, queda mucho más femenino hacerla con las rodillas juntas o no muy separadas.

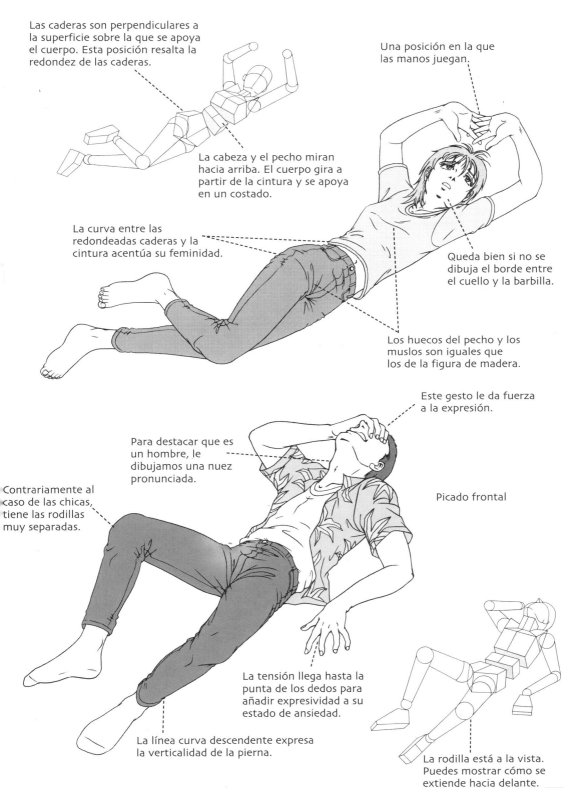

Las caderas son perpendiculares a la superficie sobre la que se apoya el cuerpo. Esta posición resalta la redondez de las caderas.

Una posición en la que las manos juegan.

La cabeza y el pecho miran hacia arriba. El cuerpo gira a partir de la cintura y se apoya en un costado.

La curva entre las redondeadas caderas y la cintura acentúa su feminidad.

Queda bien si no se dibuja el borde entre el cuello y la barbilla.

Los huecos del pecho y los muslos son iguales que los de la figura de madera.

Este gesto le da fuerza a la expresión.

Para destacar que es un hombre, le dibujamos una nuez pronunciada.

Picado frontal

Contrariamente al caso de las chicas, tiene las rodillas muy separadas.

La tensión llega hasta la punta de los dedos para añadir expresividad a su estado de ansiedad.

La línea curva descendente expresa la verticalidad de la pierna.

La rodilla está a la vista. Puedes mostrar cómo se extiende hacia delante.

Esta posición es para dibujar novios o niños pequeños con la cabeza apoyada en el regazo de alguien.

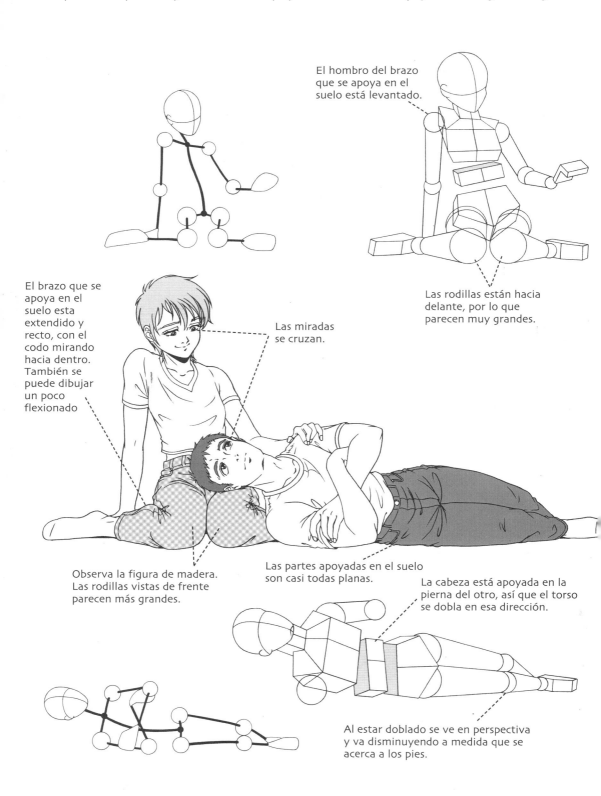

El hombro del brazo que se apoya en el suelo está levantado.

Las rodillas están hacia delante, por lo que parecen muy grandes.

El brazo que se apoya en el suelo esta extendido y recto, con el codo mirando hacia dentro. También se puede dibujar un poco flexionado

Las miradas se cruzan.

Observa la figura de madera. Las rodillas vistas de frente parecen más grandes.

Las partes apoyadas en el suelo son casi todas planas.

La cabeza está apoyada en la pierna del otro, así que el torso se dobla en esa dirección.

Al estar doblado se ve en perspectiva y va disminuyendo a medida que se acerca a los pies.

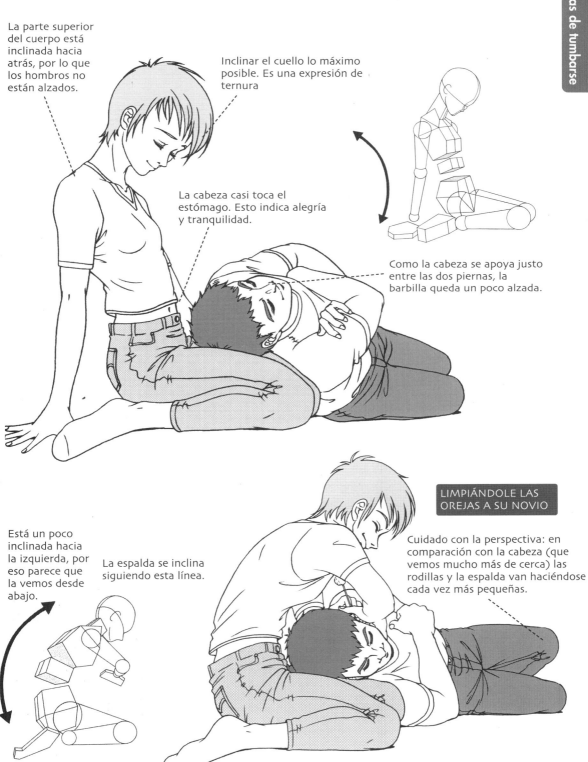

La parte superior del cuerpo está inclinada hacia atrás, por lo que los hombros no están alzados.

Inclinar el cuello lo máximo posible. Es una expresión de ternura

La cabeza casi toca el estómago. Esto indica alegría y tranquilidad.

Como la cabeza se apoya justo entre las dos piernas, la barbilla queda un poco alzada.

LIMPIÁNDOLE LAS OREJAS A SU NOVIO

Está un poco inclinada hacia la izquierda, por eso parece que la vemos desde abajo.

La espalda se inclina siguiendo esta línea.

Cuidado con la perspectiva: en comparación con la cabeza (que vemos mucho más de cerca) las rodillas y la espalda van haciéndose cada vez más pequeñas.

Esta postura es para cuando alguien está relajado y pasándolo bien. Podemos exagerarlo un poco para que su estado de ánimo resulte más evidente.

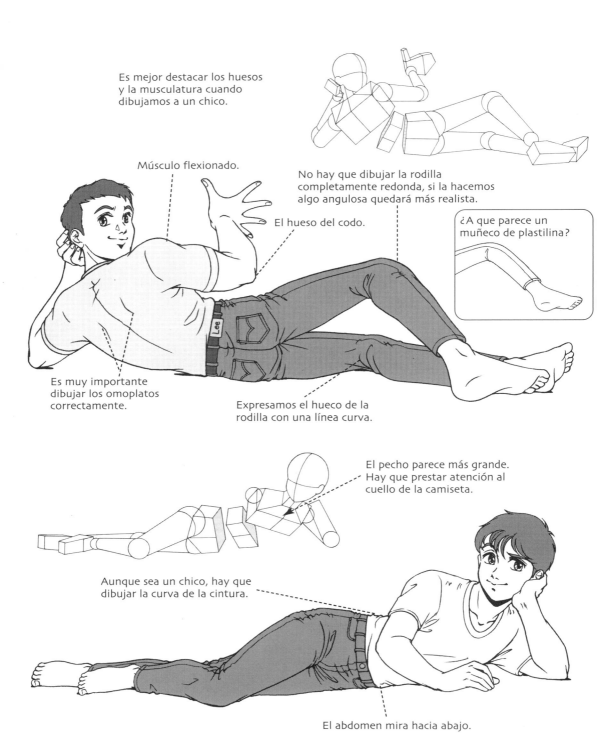

Es mejor destacar los huesos y la musculatura cuando dibujamos a un chico.

Músculo flexionado.

No hay que dibujar la rodilla completamente redonda, si la hacemos algo angulosa quedará más realista.

El hueso del codo.

¿A que parece un muñeco de plastilina?

Es muy importante dibujar los omoplatos correctamente.

Expresamos el hueco de la rodilla con una línea curva.

El pecho parece más grande. Hay que prestar atención al cuello de la camiseta.

Aunque sea un chico, hay que dibujar la curva de la cintura.

El abdomen mira hacia abajo.

Lee

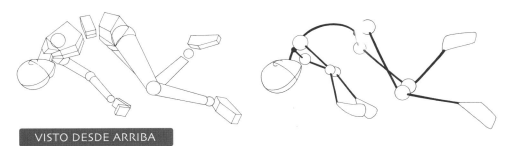

VISTO DESDE ARRIBA

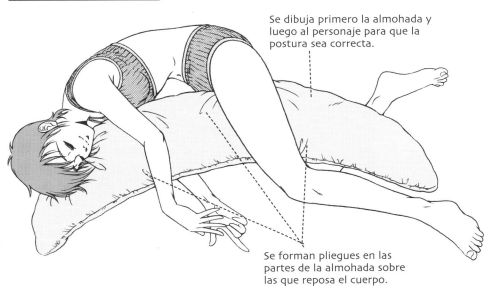

Se dibuja primero la almohada y luego al personaje para que la postura sea correcta.

Se forman pliegues en las partes de la almohada sobre las que reposa el cuerpo.

DE LADO

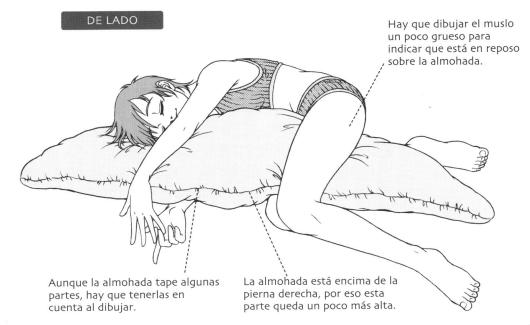

Hay que dibujar el muslo un poco grueso para indicar que está en reposo sobre la almohada.

Aunque la almohada tape algunas partes, hay que tenerlas en cuenta al dibujar.

La almohada está encima de la pierna derecha, por eso esta parte queda un poco más alta.

Cuando dibujamos un personaje que intenta despertarse es importante marcar qué partes del cuerpo realizan el esfuerzo.

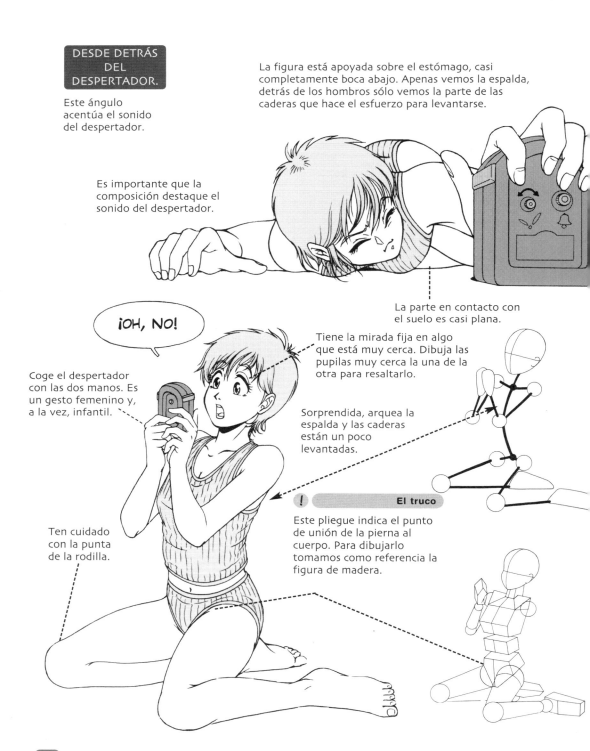

DESDE DETRÁS DEL DESPERTADOR.

Este ángulo acentúa el sonido del despertador.

Es importante que la composición destaque el sonido del despertador.

La figura está apoyada sobre el estómago, casi completamente boca abajo. Apenas vemos la espalda, detrás de los hombros sólo vemos la parte de las caderas que hace el esfuerzo para levantarse.

La parte en contacto con el suelo es casi plana.

¡OH, NO!

Coge el despertador con las dos manos. Es un gesto femenino y, a la vez, infantil.

Tiene la mirada fija en algo que está muy cerca. Dibuja las pupilas muy cerca la una de la otra para resaltarlo.

Sorprendida, arquea la espalda y las caderas están un poco levantadas.

! El truco

Este pliegue indica el punto de unión de la pierna al cuerpo. Para dibujarlo tomamos como referencia la figura de madera.

Ten cuidado con la punta de la rodilla.

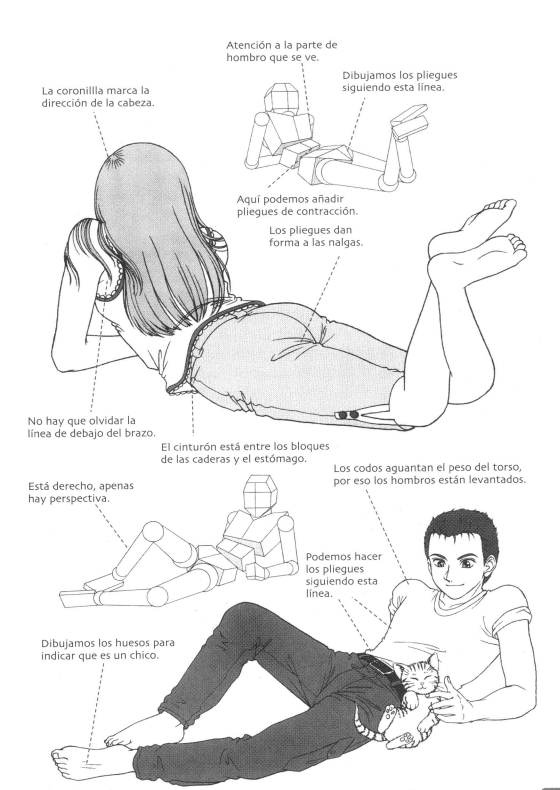

Atención a la parte de hombro que se ve.

Dibujamos los pliegues siguiendo esta línea.

La coronilla marca la dirección de la cabeza.

Aquí podemos añadir pliegues de contracción.

Los pliegues dan forma a las nalgas.

No hay que olvidar la línea de debajo del brazo.

El cinturón está entre los bloques de las caderas y el estómago.

Los codos aguantan el peso del torso, por eso los hombros están levantados.

Está derecho, apenas hay perspectiva.

Podemos hacer los pliegues siguiendo esta línea.

Dibujamos los huesos para indicar que es un chico.

SOÑANDO DESPIERTA

Las ilustraciones de abajo muestran el gesto de sorpresa que hace el personaje cuando se encuentra con alguien inesperadamente mientras pasea, pensando en sus cosas.

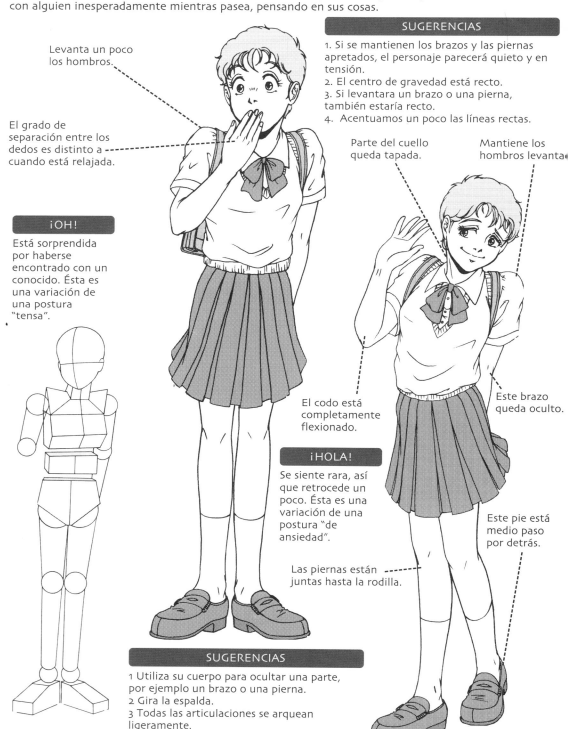

Levanta un poco los hombros.

El grado de separación entre los dedos es distinto a cuando está relajada.

¡OH!

Está sorprendida por haberse encontrado con un conocido. Ésta es una variación de una postura "tensa".

SUGERENCIAS

1. Si se mantienen los brazos y las piernas apretados, el personaje parecerá quieto y en tensión.
2. El centro de gravedad está recto.
3. Si levantara un brazo o una pierna, también estaría recto.
4. Acentuamos un poco las líneas rectas.

Parte del cuello queda tapada.

Mantiene los hombros levantados

El codo está completamente flexionado.

¡HOLA!

Se siente rara, así que retrocede un poco. Ésta es una variación de una postura "de ansiedad".

Las piernas están juntas hasta la rodilla.

Este brazo queda oculto.

Este pie está medio paso por detrás.

SUGERENCIAS

1 Utiliza su cuerpo para ocultar una parte, por ejemplo un brazo o una pierna.
2 Gira la espalda.
3 Todas las articulaciones se arquean ligeramente.
4 La cabeza se inclina en dirección contraria al interlocutor.

EL BOSTEZO

Un enorme bostezo que no puede reprimir. Ésta es una variación de la postura "relajada".

Levanta la barbilla e inclina la cabeza hacia atrás.

Sólo vemos esta parte del bíceps.

El brazo está completamente recto y estirado.

Como tiene la barbilla levantada, flexiona la columna hacia atrás.

Sin darse cuenta, flexiona la muñeca hacia atrás.

Atención al aspecto de la coronilla.

El hombro está bajo y sigue el movimiento del brazo.

Las zancadas indican que no presta ninguna atención a lo que hay a su alrededor.

SUGERENCIAS

1 Al arquear la espalda la mantiene estirada.
2 La mano no llega a tocar la boca.
3 Tiene los ojos cerrados.

No deben quedar demasiado juntas.

Al contrario que con los teléfonos fijos, cuando usamos el móvil siempre hacemos otra cosa al mismo tiempo, y es importante expresarlo en el dibujo.

SE HA CORTADO

Inclina la cabeza hacia delante, por lo que la barbilla oculta parte del cuello.

Los hombros caídos dan una sensación de desánimo.

El codo está bajo.

El brazo está laxo y descansa apoyado contra el cuerpo.

NO CONTESTA

Mira hacia un lado y atrás.

Inclina la cabeza ha un lado para acerca al teléfono.

TOMANDO NOTAS

Dirigir la mirada hacia el teléfono indica que escucha con atención.

Gira la parte superior del torso.

Desde arriba.

¿ME OYES?

Los ojos miran al aire.

Mantiene el teléfono lejos y echa la cabeza hacia atrás.

El codo describe un ángulo amplio respecto al cuerpo.

Este brazo queda laxo.

MIENTRAS TRABAJA

Aunque se trata del mismo personaje, la postura cambia según la situación.

El truco

a posición del teléfono
epende de la del oído.

El punto de unión del
hombro está aquí.

El reloj hacia el
exterior le da un
aspecto duro.

l codo está
exionado.

SUGERENCIAS PARA
CAMINAR DEPRISA

1 Mantener los codos hacia abajo.
2 Zancadas amplias.
3 El centro de gravedad está recto.
4 Las manos en tensión.
5 La línea de la espalda está
ligeramente flexionada hacia atrás.

El pecho está
erguido.

Las manos están
en tensión.

El centro de
gravedad es
equidistante a
las dos piernas.

El pecho mira
hacia abajo.

HACIA DELANTE

Centro de gravedad

La cara mira
hacia delante.

El pecho apunta
al suelo.

Mucho cuidado al
dibujar el espacio entre
el codo y el cuerpo y el
tamaño del bíceps.

SUGERENCIAS PARA
CAMINAR INCLINADO

s codos altos.
antener las rodillas
onadas.
s caderas hacia atrás.
s zancadas son más pequeñas
las de la figura anterior.
columna se inclina hacia
nte.

La parte de costado visible
depende del torso, las
caderas y las nalgas.

Tiene un mapa en la mano y anda pensativa, preguntándose si está en el camino correcto.

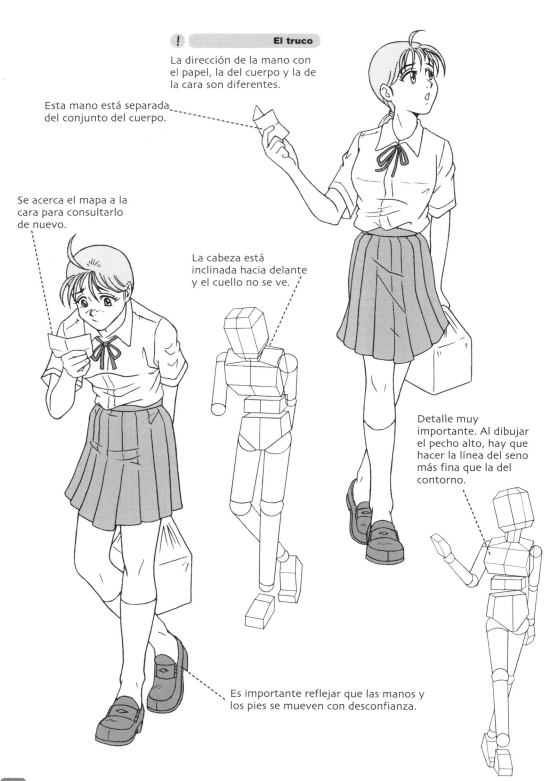

! El truco

La dirección de la mano con el papel, la del cuerpo y la de la cara son diferentes.

Esta mano está separada del conjunto del cuerpo.

Se acerca el mapa a la cara para consultarlo de nuevo.

La cabeza está inclinada hacia delante y el cuello no se ve.

Detalle muy importante. Al dibujar el pecho alto, hay que hacer la línea del seno más fina que la del contorno.

Es importante reflejar que las manos y los pies se mueven con desconfianza.

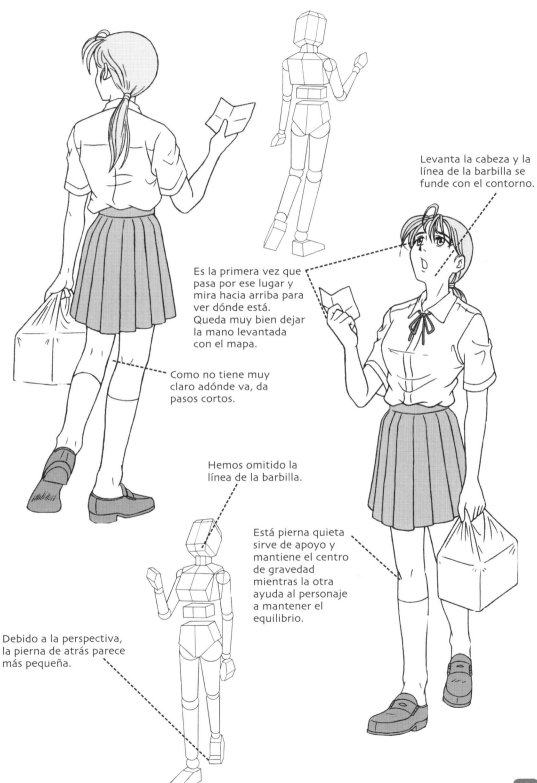

Levanta la cabeza y la línea de la barbilla se funde con el contorno.

Es la primera vez que pasa por ese lugar y mira hacia arriba para ver dónde está. Queda muy bien dejar la mano levantada con el mapa.

Como no tiene muy claro adónde va, da pasos cortos.

Hemos omitido la línea de la barbilla.

Está pierna quieta sirve de apoyo y mantiene el centro de gravedad mientras la otra ayuda al personaje a mantener el equilibrio.

Debido a la perspectiva, la pierna de atrás parece más pequeña.

Normalmente nadie camina así. Si una persona se inclina tanto es que busca algo en el suelo.

¡Cuidado!

Esta posición es para buscar algo en el suelo. La dirección del cuerpo y de la cara es muy importante. Al tener el cuerpo inclinado hacia delante, la vista está fija hacia abajo.

Esta línea marca la parte más ancha del pecho. Al estar inclinada, sólo se aprecia una parte.

Para indicar la inclinación utilizaremos los pliegos que siguen la forma del estómago.

Los pliegues marcan la inclinación y sugieren la forma del estómago.

Los gestos, como ponerse una mano en la espalda o sujetarse el cabello, son más importantes de lo que parecen.

El cabello entre los dedos aporta un toque de realismo.

No hay que olvidarse de redondear esta zona de la columna.

Es importante tener clara la posición del hombro y dibujar el brazo con el tamaño adecuado.

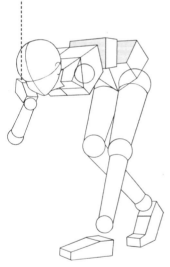

La otra mano retira el cabello de la cara; es una forma de mostrar su preocupación.

Tiene una mano apoyada en la espalda, es un gesto muy femenino.

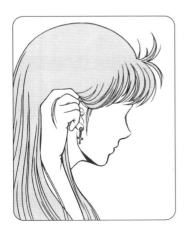

! El truco

Recogerse el cabello con una mano es un gesto muy femenino, en el que la mano describe un movimiento muy concreto. Si logramos dibujar bien esos detalles, el personaje ganará expresividad. Además, estos gestos sirven para atraer la atención hacia los complementos que lleva el personaje.

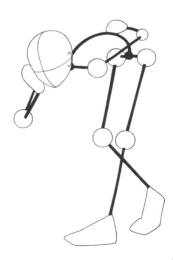

Ha comprado demasiado y las bolsas pesan mucho. Lo más importante es dibujar correctamente el centro de gravedad, que está desplazado por el peso.

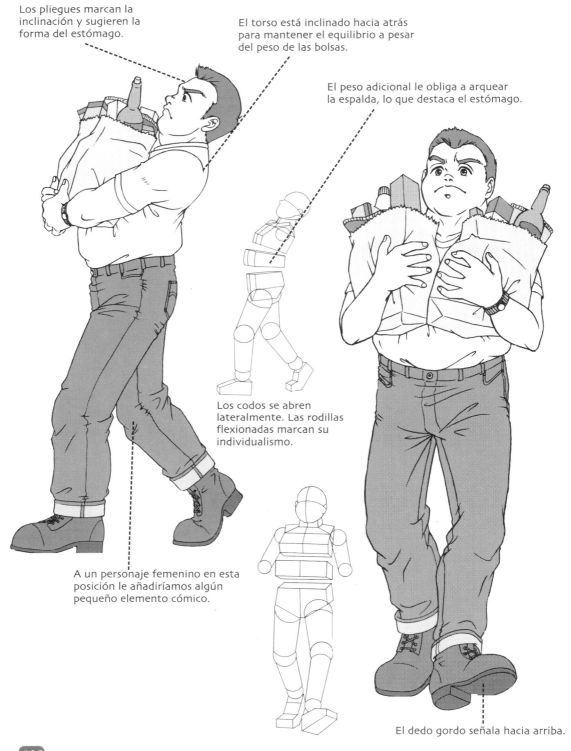

Los pliegues marcan la inclinación y sugieren la forma del estómago.

El torso está inclinado hacia atrás para mantener el equilibrio a pesar del peso de las bolsas.

El peso adicional le obliga a arquear la espalda, lo que destaca el estómago.

Los codos se abren lateralmente. Las rodillas flexionadas marcan su individualismo.

A un personaje femenino en esta posición le añadiríamos algún pequeño elemento cómico.

El dedo gordo señala hacia arriba.

Inclina la cabeza hacia un lado porque carga un peso en el lado opuesto.

Como gira el cuerpo, parte del costado queda visible y el hombro está levantado.

El giro es para poder cargar el peso extra.

La flexión del codo es igual a la distancia que hay entre el brazo y el peso.

La parte superior del cuerpo se inclina hacia atrás por el peso. Esto hace que se levante el hombro del otro lado.

! El truco

Si sólo lleva peso en una mano, el cuerpo se arquea en dirección opuesta al peso.

movimiento en dirección opuesta al peso rve para mantener el equilibrio y es ndamental. Además, hemos añadido el giro la cintura para reforzar la expresividad.

Puede ser complicado representar a un personaje arrastrado por un perro. Da muy buen resultado darle un toque de humor.

El cuerpo se inclina hacia delante.

Extiende la mano hacia atrás como contrapeso para no perder el equilibrio.

Como el centro de gravedad se mueve hacia delante, la pierna izquierda (el pie de apoyo) queda un poco separada del suelo.

Los dedos separados indican que la ha cogido por sorpresa.

El brazo está alejado del cuerpo y completamente extendido.

UN CAMBIO REPENTINO

Levanta la mirada hacia el perro que se aleja.

El perro ha echado a correr y arrastra la parte superior del cuerpo del personaje.

Tiene levantada la pierna derecha.

La rodilla flexionada indica que está corriendo, aunque no muy deprisa.

El talón del pie izquierdo levantado aumenta la sensación de movimiento.

La rodilla semiflexionada de la pierna izquierda, que hace de pivote, expresa el cambio del centro de gravedad de una pierna a otra y el efecto almohadilla de los ligamentos a medio movimiento.

La parte superior del torso sigue el movimiento del brazo y se inclina hacia delante.

Flexionar el codo con fuerza forma parte de la acción de sujetar al perro con fuerza por la correa.

Las caderas intentan contrarrestar el tirón hacia delante del torso.

El pie de delante está casi completamente apoyado en el suelo.

La mano está tensa.

La parte superior del cuerpo hace fuerza hacia atrás. El personaje intenta situar el centro de gravedad en la espalda, por eso está tan inclinado hacia atrás.

Como es un gesto tan marcado, parece visto desde abajo.

Mal

Al caminar, el pie no queda totalmente apoyado en el suelo, resulta antinatural.

El perro la arrastra y la obliga a dar pasos largos.

Lluvia repentina o un tranquilo paseo en la estación de las lluvias. Aprovecha elementos como el paraguas para sacar el máximo partido a la situación.

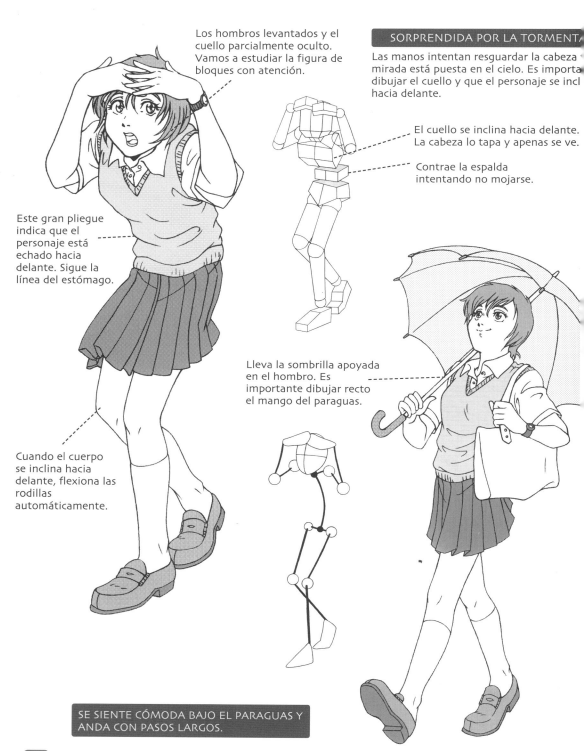

Los hombros levantados y el cuello parcialmente oculto. Vamos a estudiar la figura de bloques con atención.

SORPRENDIDA POR LA TORMENT/

Las manos intentan resguardar la cabeza mirada está puesta en el cielo. Es importa dibujar el cuello y que el personaje se incl hacia delante.

El cuello se inclina hacia delante. La cabeza lo tapa y apenas se ve.

Contrae la espalda intentando no mojarse.

Este gran pliegue indica que el personaje está echado hacia delante. Sigue la línea del estómago.

Lleva la sombrilla apoyada en el hombro. Es importante dibujar recto el mango del paraguas.

Cuando el cuerpo se inclina hacia delante, flexiona las rodillas automáticamente.

SE SIENTE CÓMODA BAJO EL PARAGUAS Y ANDA CON PASOS LARGOS.

Echa el cuerpo hacia delante y dobla las rodillas en forma de S.

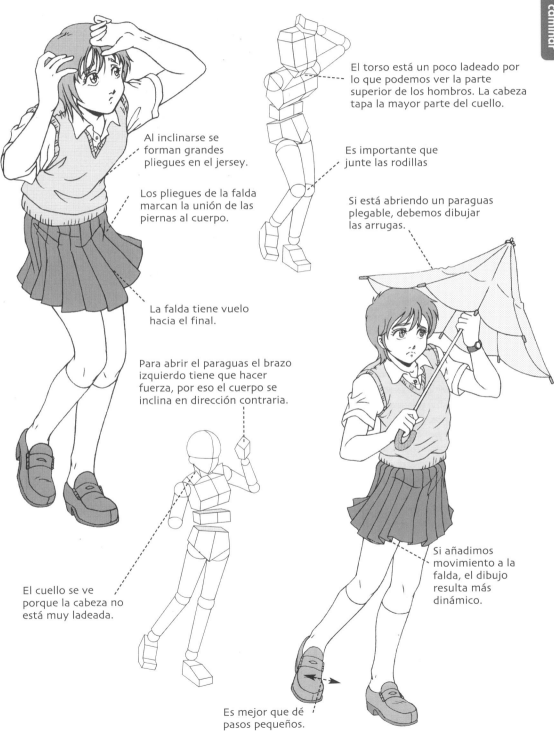

El torso está un poco ladeado por lo que podemos ver la parte superior de los hombros. La cabeza tapa la mayor parte del cuello.

Al inclinarse se forman grandes pliegues en el jersey.

Es importante que junte las rodillas

Los pliegues de la falda marcan la unión de las piernas al cuerpo.

Si está abriendo un paraguas plegable, debemos dibujar las arrugas.

La falda tiene vuelo hacia el final.

Para abrir el paraguas el brazo izquierdo tiene que hacer fuerza, por eso el cuerpo se inclina en dirección contraria.

Si añadimos movimiento a la falda, el dibujo resulta más dinámico.

El cuello se ve porque la cabeza no está muy ladeada.

Es mejor que dé pasos pequeños.

Un personaje que camina por la calle mientras hace otra cosa no sólo es una buena manera de expresar el estado de ánimo del personaje, si no que también muestra su individualidad.

ES UNA POSE UN TANTO AFECTADA. EL HELADO METIDO EN LA BOCA LE DA UN AIRE INSOLENTE.

Como la mano derecha está en alto, el cuerpo se gira hacia el lado contrario. Para hacer el gesto más evidente se han levantado un poco las caderas.

La rodilla está flexionada y mirando hacia fuera.

Es una forma de andar al estilo cowboy.

El vuelo de la falda va en dirección contraria al movimiento de las piernas.

Cuando paseamos con tranquilidad damos pasos pequeños. Levantamos el pie y lo apoyamos en el suelo desde el talón.

Hay que evitar dibujar el pie que está apoyado en el suelo más pequeño de lo que debe ser.

MAL

En conjunto, tiene el cuerpo inclinado a la izquierda.

SACA LA LENGUA PARA LAMER EL HELADO. ES UN GESTO FEMENINO E INFANTIL.

No se toma el helado igual que la chica: él no es infantil.

Tiene la mirada perdida, señal de que no presta atención al helado, sino que piensa en otra cosa.

Excepto por la pose, esta forma de caminar puede usarse en distintas situaciones.

Arquea un poco la espalda, así destacamos que tiene la cabeza en otra parte.

La mano en el bolsillo es lo que le da un aire afectado.

Echa los hombros un poco hacia atrás.

Este personaje tiene clase, tampoco anda a lo cowboy.

MAL

Cuidado, las chicas no andan a lo cowboy.

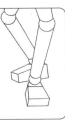

Lleva a caballo a su novia, que ha bebido demasiado y no puede andar.

¡Atención!

Ésta es una posición de abrazo: la rodea con sus brazos para poder llevarla a la espalda. Los dos cuerpos están en contacto y en algunas zonas no podemos verlo. Observa la figura de bloques y dibuja primero esas partes que no podemos ver. Es un ejercicio muy útil para mejorar la técnica.

Mira a la chica con ternura.

El grado de inclinación del cuerpo es proporcional al peso que carga en la espalda.

Los pliegues del pecho y la curva de la espalda son iguales que los de la figura de madera.

Dibujamos primero a los dos personajes por separado y luego corregimos la posición del brazo sobre la espalda.

¡Solo lleva un zapato de tacón y así se intuye la historia de la lesión.

La unión del muslo con el cuerpo queda así.

Anda con pasos pequeños para no dar saltos.

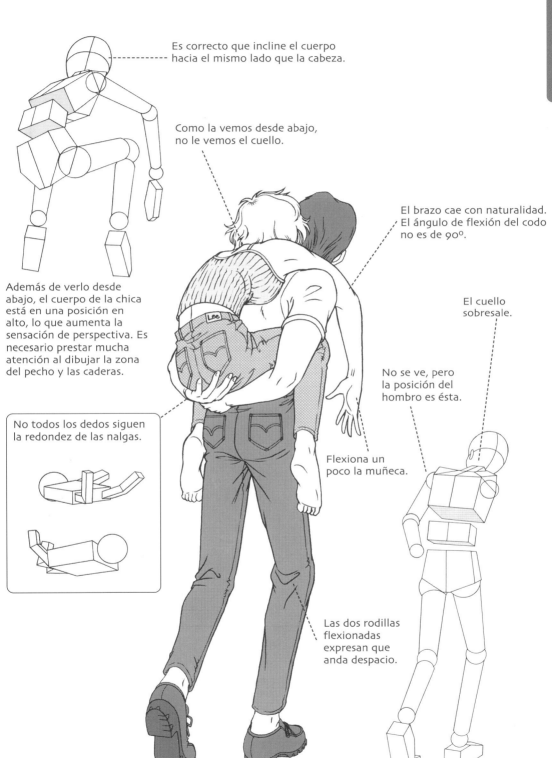

Es correcto que incline el cuerpo hacia el mismo lado que la cabeza.

Como la vemos desde abajo, no le vemos el cuello.

El brazo cae con naturalidad. El ángulo de flexión del codo no es de 90º.

Además de verlo desde abajo, el cuerpo de la chica está en una posición en alto, lo que aumenta la sensación de perspectiva. Es necesario prestar mucha atención al dibujar la zona del pecho y las caderas.

El cuello sobresale.

No se ve, pero la posición del hombro es ésta.

No todos los dedos siguen la redondez de las nalgas.

Flexiona un poco la muñeca.

Las dos rodillas flexionadas expresan que anda despacio.

¡ADIÓS!

Está corriendo o a punto de echar a correr.

El dibujo visto desde la dirección del movimiento.

Los botones de la camisa van en el centro del pecho.

Cuidado con la posición del hombro derecho, aunque n[o] se vea.

La mano derecha ya ha iniciado el movimiento de correr.

El cuerpo gira desde la cintura. A medida que nos acercamos a los hombros el giro se acentúa.

El peso del cuerpo pivota en esta pierna. Las rodillas flexionadas dan vitalidad al dibujo.

El centro de gravedad se desplaza hacia delante.

¡ADIÓS!

Los brazos abiertos de par en par, las manos y los dedos flexionados hacia atrás: este dibujo tiene mucha energía.

Es importante la curva de la palma de la mano.

La arruga de la camisa expresa la cintura.

La curva del cuello de la camiseta indica que el cuerpo está a punto de girar hacia delante.

¡HASTA LUEGO!

No gira mucho la cabeza.

Dibujamos la muñeca pequeña.

Al levantar el brazo hacia atrás, la parte superior del cuerpo queda también algo levantada.

CÓMO CORRER MIRANDO HACIA ATRÁS

La perspectiva hace que los pies parezcan de distinto tamaño. Es correcto exagerarlo para que tenga más efecto.

El cuerpo sigue el movimiento del brazo y gira hacia atrás, es importante reflejarlo en el dibujo.

Si corre de forma normal, el talón es lo que se apoya primero.

Mezclamos la preocupación con la carrera. Esta camarera corre en busca del señor que se ha dejado el sobre. Todo su cuerpo expresa confusión.

El cuerpo se inclina hacia delante. Los ojos abiertos de par en par indican ansiedad.

Hay que dibujar los hombros un poco más grandes porque los tiene echados hacia delante.

Los ojos muy abiertos y la boca entreabierta son un buen recurso para expresar preocupación.

El brazo hacia el pecho indica preocupación y es muy femenino.

Las caderas hacen fuerza hacia atrás

Tiene las rodillas juntas y los pies metidos hacia dentro.

Que la dirección de la cabeza y el cuerpo sean distintas, da la sensación de que está mirando a su alrededor en busca de algo.

Quiere correr pero no sabe en qué dirección. Es el talón derecho, que está levantado, el que lo indica.

La mano y la boca abierta muestran que está gritando. La posición, inclinada hacia delante, es para expresar que tiene prisa.

La dirección del cuerpo y de la mirada cambian.

omo no le vemos la cara no odemos ver su expresión y ólo contamos con el cuerpo ara transmitir información.

El pelo y el lazo ayudan a expresar el movimiento.

La acción destaca el objeto olvidado mediante el brazo extendido.

Una acción mientras realiza otra acción. Este ejercicio es muy complicado si aún no se dominan las formas de caminar.

Se pone la chaqueta apresuradamente. Tiene las caderas un poco levantadas, el cuerpo flexionado y los codos en alto a los lados mientras las manos tiran de la chaqueta.

Las grandes zancadas transmiten la sensación de que tiene prisa. Los dedos de los pies están levantados.

Inclina el cuerpo hacia delante.

La ropa, aún en el aire, refuerza la sensación de movimiento.

La línea de los zapatos y las cremalleras para cerrarlos están en el centro del pie.

El talón levantado refleja prisa.

Así quedan los pies cuando el personaje da pasos pequeños. Observa las diferencia.

PONIÉNDOSE UNA CHAQUETA

Aquí tenemos una composición con la perspectiva muy marcada. Cuando intenta agarrar un objeto, la mano está en escorzo y se dibuja del mismo tamaño que la cabeza, aproximadamente.

OBSERVA LA FIGURA DE BLOQUES Y LA FIGURA DE ALAMBRE.

No vemos la mano, que aún está dentro de la manga.

Para indicar la posición de la mano, usamos los pliegues de la chaqueta.

Está corriendo, por lo que la pierna queda muy flexionada.

La mano derecha está dentro de la manga y no la vemos. Cuidado con el largo del brazo.

Levanta mucho la punta del pie. Cuanto más prisa tiene, más grandes son las zancadas. La punta levantada le da vida al dibujo.

El pie apunta al lector. Es una pose complicada, pero hace al personaje más masculino.

! El truco

Como el brazo está en alto y hacia atrás, el cuerpo sigue el movimiento por lo que levanta el hombro y gira un poco la cintura.

La perspectiva y el pie de delante tapan el pie que está detrás.

En esta forma de correr, el personaje centra su atención en un objeto. Es algo diferente del resto de formas de correr.

No hay que olvidar las partes que tapa la falda.

La pierna de atrás coge impulso y el pie queda más alto que la rodilla durante un momento.

En el momento de apoyar el pie en el suelo, es el talón lo que se apoya primero. El pie sigue los movimientos del resto del cuerpo y cambia constantemente.

Tiene la vista fija en el reloj, lo que expresa su preocupación por la hora que es.

La otra mano sostiene la cartera con firmeza. Este tipo de gestos añaden realismo.

Con la figura de madera y la figura articulada representamos el movimiento del personaje y prestamos especial atención a la zona que cubre la falda y no se ve en el dibujo.

Como corre muy deprisa, la oscilación vertical es muy grande.

El hombro parece muy grande por la perspectiva.

Vemos al personaje inclinado hacia delante desde abajo y por detrás, por lo que el cuello está fuera de nuestro campo de visión.

Podemos añadir realismo con la mano que sujeta la gorra para que no se la lleve el viento, la forma del hombro y la forma de la visera.

ESTA COMPOSICIÓN ES IDEAL PARA EXPRESAR VELOCIDAD.

Hemos exagerado el tamaño del pie por la perspectiva. La mano que está retrasada sujetando la cartera es pequeña, para marcar el efecto de distancia.

Este tipo de composición es muy útil para dibujar en perspectiva. Intenta colocar al personaje dentro de la caja.

Están metidos en algún asunto feo. "¡Larguémonos de aquí!". El secreto está en las manos y piernas en tensión.

Aunque mira hacia atrás, no es un giro exagerado porque el personaje está corriendo hacia delante.

Mira fijamente al hombre delante de ella. El cuerpo está inclinado, pero no el rostro.

! El truco

Cada uno corre a una velocidad, y esto se refleja en el dibujo. Estudiemos las diferencias entre el personaje que corre más deprisa y arrastra al que corre más despacio.

La parte superior del cuerpo gira un poco para seguir a la cabeza, que mira hacia atrás.

El giro del cuerpo comienza en la cintura.

Como tiran de ella, tiene el cuerpo inclinado hacia delante como si fuera a caerse.

Aunque se trata del mismo estilo de carrera, aquí el secreto está en la desincronización de las piernas. La chica, a la que él arrastra, deja claro que corre más despacio por la diferencia del tamaño de la zancada.

Contrae y flexiona el codo al ritmo de la carrera.

El chico ya se ha dado impulso, mientras que la chica aún está intentando dar un paso.

En esta posición parece que él está a punto de caerse.

Como tiran de ella hacia delante, la pierna en la que se tendría que apoyar acaba un poco retrasada.

Un profesional perfectamente entrenado. La postura tiene que transmitir su rapidez de acción.

! El truco

La dirección de la cabeza y del cuerpo son diferentes.

La forma de mirar expresa que está totalmente concentrado en lo que le rodea.

Los bolsillos cuadrados son un elemento que ayuda a expresar la dirección del cuerpo.

El dedo está separado del gatillo para no disparar.

El arma es un elemento muy importante.

Las dos rodillas están flexionadas.

Agacha el cuerpo. La curva de la espalda es más o menos la misma que cuando se inclina el cuerpo hacia delante.

Una vez ha localizado el objetivo, el arma, la mirada y el cuerpo apuntan en la misma dirección.

Las caderas están bajas.

La mirada y el arma apuntan en la misma dirección.

Listo para disparar, tiene el dedo puesto en el gatillo.

Vemos al personaje desde abajo, por lo que el cuello queda fuera de nuestro campo de visión.

El cinturón forma una línea curva, esto sirve para indicar la dirección del cuerpo.

Una pierna en el suelo y otra en el aire para aumentar la sensación de velocidad.

Hay que dibujar los zapatos con el mismo cuidado que el arma, en especial los cordones, que si están bien dibujados parecen reales.

ESTE TIPO DE COMPOSICIÓN SE UTILIZA EN ESCENAS DE CARGA EN LAS BATALLAS.

El personaje corre de puntillas. Si apoyara toda la planta del pie, reduciría la sensación de velocidad.

Consejos de un joven creador

Taisuke Honma

Fecha de nacimiento:
4 de marzo de 1979

Tokio

¿Por qué quieres dibujar?
Para mí es divertido.
Dibujar es divertido, ¿verdad?
¿Qué significa para ti que sea divertido?
Yo creo que es la esencia de la vida.
La vida de los seres humanos es complicada, por
eso es divertida.
¿No crees que la poesía es divertida?
La poesía y el dibujo se parecen.
Una imagen, la cocina, un rasgo,
Los videojuegos, el baile. ¿No son cosas divertidas?
A todos nos gustan esas cosas.
Pero divertirse es difícil.
Cuando encuentras una cosa con la que te diviertes,
Encontrar otra es muy difícil.
Ahí está la dificultad de encontrar algo que nutra
nuestra existencia.
Vivir con un espíritu bien alimentado pule la
personalidad y la embellece.

Yo me nutro del dibujo.
Y controlo la calidad de mis alimentos.
El dibujo que hice hoy estaba delicioso.
Dulce como un pastel, ácido como el limón y
picante como la mostaza.
Y puedo aderezarlo como quiera.
El sabor de hoy era así.
Lo primero fue su aspecto...
Luego... quería hacer click en el ratón.
Del ratón, al ordenador y de ahí, una ciber chica.
La libertad es maravillosa... Voy a ponerle alas.
Desde dentro, para que pueda salir volando de aquí.
Yo estudio aquí, soy un estudiante.
Los amigos son imprescindibles... ¿no?
... Y ahora, un poco de sal y pimienta. Sólo un poco.
CÓMO DIBUJAR ANIME, ésta es mi mascota para
vosotros.
Mi chica está terminada.
Estaba todo buenísimo.
Y ahora he de pensar en qué comeré mañana.

Capítulo CUARTO
ANÁLISIS DEL TRABAJO DE LOS LECTORES

Hemos invitado a nuestros lectores a que nos envíen sus trabajos. El autor ha escogido algunos y les ha hecho unos retoques, para que veáis cómo han quedado.
Hemos reproducido el dibujo original, la corrección y unas cuantas indicaciones. Prestadles atención, son la clave. Un error en la dirección del cuerpo o en las uniones puede estropear el personaje por mucho que se hayan cuidado la ropa y el aspecto.

En este pequeño rincón les proponemos a los lectores que contesten a una sencilla encuesta y la envíen a la dirección que aparece en la última página. No hace falta que envíen la página entera: basta con indicar el número de la pregunta y la respuesta.
¡Esperamos vuestras cartas!

Encuesta:
1 ¿Quién es tu dibujante favorito?

2 ¿Y tu manga / anime / videojuego favorito?

3 ¿Quién es tu personaje favorito?

4 ¿Quieres ser dibujante? ¿De qué especialidad?

5 ¿Utilizas el ordenador?

6 ¿Has estado alguna vez en Comic Market?

7 ¿Cuándo dibujas, que es lo que te da más problemas?

8 Sexo y fecha de nacimiento.

Capítulo  4

EJEMPLO 1

A primera vista diríamos que el personaje está de pie, pero no tiene centro de gravedad, por eso parece tan inestable. La situación y los complementos está bien dibujados.

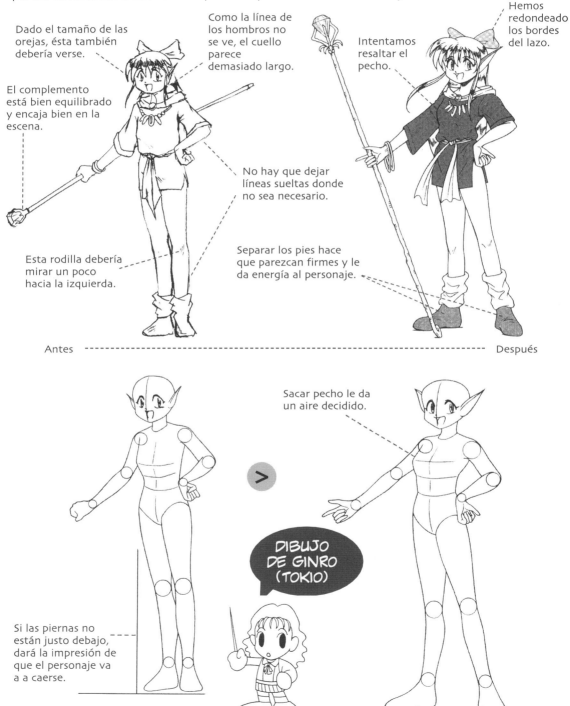

Dado el tamaño de las orejas, ésta también debería verse.

El complemento está bien equilibrado y encaja bien en la escena.

Como la línea de los hombros no se ve, el cuello parece demasiado largo.

Hemos redondeado los bordes del lazo.

Intentamos resaltar el pecho.

No hay que dejar líneas sueltas donde no sea necesario.

Esta rodilla debería mirar un poco hacia la izquierda.

Separar los pies hace que parezcan firmes y le da energía al personaje.

Antes ------- Después

Sacar pecho le da un aire decidido.

DIBUJO DE GINRO (TOKIO)

Si las piernas no están justo debajo, dará la impresión de que el personaje va a a caerse.

El atuendo es muy bueno. Y parece que ha estudiado muy bien los complementos. Es una lástima que el ángulo de la pose no aproveche todo el potencial del vestido. ¿Qué tal si hacemos que se le vea un poco más la espalda?

Es un poco pequeño.

Ha diseñado los detalles con mucha habilidad.

El movimiento de los cordones imprime movimiento a todo el conjunto.

Si el brazo derecho está flexionado, el izquierdo también debería estarlo o parecerá muy corto.

Esto queda un poco raro. Si levanta el talón, también debería flexionar la rodilla.

Antes --- Después

nariz (que arca el ntro de avedad) no tá bien locada.

Es una pena que no se vea la espalda.

Da la impresión de que los brazos no son igual de largos.

DIBUJO DE IMARO (PREFECTURA DE AKITA)

Cuidado con la distancia entre los tobillos.

Centro de gravedad

Pierna de apoyo

El rostro del personaje es de estilo realista y no encaja con la proporción de 1 a 5. Primero hay que marcar la proporción entre el cuerpo y la cabeza y luego, a dibujar.

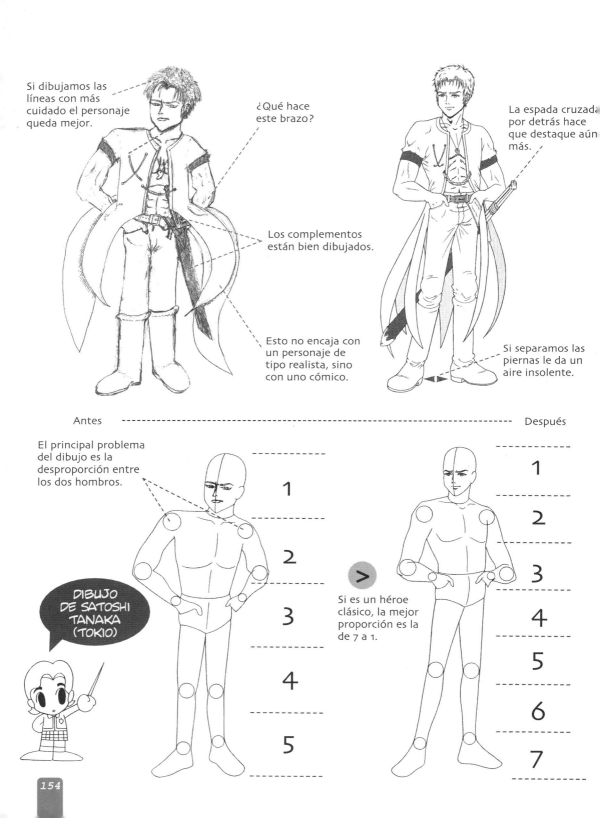

Si dibujamos las líneas con más cuidado el personaje queda mejor.

¿Qué hace este brazo?

La espada cruzada por detrás hace que destaque aún más.

Los complementos están bien dibujados.

Esto no encaja con un personaje de tipo realista, sino con uno cómico.

Si separamos las piernas le da un aire insolente.

Antes

Después

El principal problema del dibujo es la desproporción entre los dos hombros.

DIBUJO DE SATOSHI TANAKA (TOKIO)

Si es un héroe clásico, la mejor proporción es la de 7 a 1.

1
2
3
4
5

1
2
3
4
5
6
7

El dibujante es muy hábil. Los detalles y la composición son de alguien que practica y es bueno. Si el personaje está posando, hay que prestar especial atención a la dirección del cuerpo y las diferentes partes.

no no vemos la
no, parece que está
yada en la nuca.

Si tapamos la línea del
cuello, parece muy gordo.

La mano está muy
bien hecha.

s brillos y las
chas están
y logrados.

Si dibujamos las flechas
un poco más grandes el
conjunto queda más
equilibrado.

Este tipo de
personaje queda
mejor con las
piernas delgadas.

Antes --- Después

El antebrazo es un
poco corto.

Esta dirección es
más natural para
la mano.

DIBUJO
DE PN NELT
MAN (PREFATURA
DE SHINOZUOKA)

Visitamos a los profesionales

Studio Pierrot

2-29-13 Shimorenjaku, Mitaka-shi, Tokio.

TEL: 0422-70-6401

URL: http://www.pierrot.co.jp/anime-ac/index.html

Nos trasladamos a la escena de la acción. En estas páginas, los profesionales responderán a las preguntas de todos aquellos que aspiran a ganarse la vida en el mundo de la animación. ¿De qué se enorgullecen los profesionales? ¿Qué se siente cuando una serie es un superéxito? En resumidas cuentas, ¿cómo vive un profesional de este sector y qué hay que tener para ser uno de ellos? Lo que os contamos a continuación os servirá de referencia para vuestro futuro como dibujantes o animadores. ¡No os lo perdáis!

Estamos en el estudio artífice del boom de las bishojo. Nada menos que el estudio Pierrot, a cargo de Urusei Yatsura (Lamu). El Sr. Aoki, supervisor y director de animación, responde amablemente a nuestras preguntas.

▄▄▄▄▄▄▄▄▄▄▄▄▄▄▄

Quiero dedicarme a esto...

P: Usted trabaja en una escuela especializada. ¿Cree que es de verdad necesario ir a una escuela de formación específica?

R: Lo es para poder estar listo cuando te necesiten. Antiguamente se contrataba a jóvenes sin formación, que empezaban trabajando en los acetatos de continuidad y a partir de ahí podían ir aprendiendo a dibujar sobre la marcha. Pero hoy en día el 70 u 80% de los acetatos de continuidad se hacen por encargo en el extranjero. El uso de ordenadores está a la orden del día así que realmente no hay ni tiempo ni oportunidades para aprender sobre la marcha. Para alcanzar este grado de especialización y competitividad las

escuelas son imprescindibles.

P: ¿Cuántos alumnos tiene más o menos? ¿De qué edades?

R: Ahora mismo tengo unos 7 u 8 alumnos, todos chicos. Tres vienen de una escuela especializada y los demás son todos principiantes. Sé que parece un número muy reducido, pero es que mis lecciones son más bien clases particulares. Antes de entrar me traen todos una muestra de sus diseños y luego tienen que dibujar durante una hora. A medida que dibujan les voy diciendo lo que tienen que mejorar uno por uno, así que tampoco puedo tener clases más numerosas. En cuanto a la edad, pues no hay una edad media, el más joven tiene 19 años y el mayor, 27. En realidad la edad no es muy importante.

P: Parece que uno de sus lemas a la hora de enseñar es "aprender la estructura ósea con detalle". ¿Está en contra de la utilización de programas de animación 3D?

R: Bueno, no importa cuántos programas de 3D tengas en tu ordenador: si no sabes cómo funcionan las articulaciones, no puedes hacer que un dibujo se mueva de manera natural. No sólo se trata de la estructura ósea, la base es plasmar la forma de las cosas de manera fiel. Por eso, hago que mis alumnos realicen bocetos durante todo el día, de personas, de animales, de cualquier cosa. Para que aprendan a dibujar todo lo que les entra por los ojos. También les hago dibujar del natural, o practicar sobre cómo pueden plasmar un determinado tema. Desde las 10,30 que empezamos hasta las 6 de la tarde, salvo un pequeño descanso, dibujan sin parar, hasta que los lápices se quedan bien pequeñitos.

P: ¿Qué tienen que tener los estudiantes para avanzar?

R: En nuestra escuela, el alumno más avanzado empezó con la animación a los 27 años. Ahora se dedica a diseñar personajes y se está esforzando mucho. Aunque también hay que tener en cuenta su experiencia. Para dibujar se precisa también cierta sensibilidad. Leer libros, ver películas o leer manga ayuda. Creo que ocurre un poco lo mismo con los actores y los directores, es necesario que se den cuenta por sus propios medios, que piensen, "ahora necesito esta o aquella expresión". Hay gente que es autodidacta, pero siempre tienen facetas menos desarrolladas, porque sólo son capaces de ver con claridad su propio mundo. También hay que ser capaz de aprender de las creaciones de otros. La práctica y el estudio también ayudan a avanzar, claro. En la escuela, para no descuidar el avance tecnológico, vemos vídeos que nos proporcionan las empresas. Últimamente todo el mundo se atreve a probar con el diseño.

P: ¿Tiene alguna obra que considere imprescindible?

R: No tengo ninguna referencia de ese tipo. Por supuesto que puedo citar muchas obras buenas, otras malas, baratas y caras también (risas). Quizás es demasiado... piensa que no sólo se trata de vender sino, de alguna manera, de contribuir a mis sueños... Cuando se trata de profesionales no hay que olvidar que también han cometido muchos errores.

P: ¿En la escuela se estudia también con ordenadores?

R: No, porque los programas y ordenadores que se utilizan varían en función de la empresa y del estudio de animación. Aunque puede que a partir de este mes empecemos a utilizar unos programas especiales que hemos encargado a una empresa de EE.UU. (que nos sirve a través de Taiwan). De todas maneras, cuando entras a trabajar en una empresa ellos se encargan de enseñarte a utilizar sus programas.

▬ ▬ ▬ ▬ ▬ ▬ ▬ ▬ ▬ ▬ ▬ ▬ ▬ ▬

La industria de la animación hoy

P: ¿Piensa usted que la animación 3D sustituirá en un futuro a la animación convencional?

R: La animación en 3D es increíble, es cierto. Pero al fin y al cabo sólo responde a un cambio en las necesidades del público. En el futuro seguramente se expandirá aún más, pero no es seguro, ya que depende en último término de lo que quiera el público. Y ya se sabe que el público... Tal y como estamos ahora, las técnicas de animación están evolucionando hacia la "Full Animation 3D" y cada vez hay mas producciones que incluyen tanto personajes como fondos en 3D. Nosotros también estamos intentándolo en GTO y Neoranga. Es una técnica complicada, sobre todo cuando se combina animación en 2D y 3D. A pesar del elevado coste, como se trata de 3D, en la empresa no se ha puesto ninguna traba al desarrollo de esta técnica.

P: Con las emisiones vía satélite y cable, además de la televisión por Internet, la audiencia ha aumentado considerablemente. ¿Qué proyectos tiene el estudio Pierrot para satisfacer a semejante audiencia?

R: Antes hacíamos muchas series originales como Nils Holgersson, pero ahora tienen más popularidad las series basadas en mangas. La serie Mahoshojo está también basada en un manga. Quiero decir que como empresa de animación no nos ha quedado más remedio que evolucionar a esto. Adaptar un manga de éxito es la alternativa más segura, al menos si tenemos en cuenta el beneficio económico. Pero en nuestro estudio estamos considerando seriamente volver a la línea de las animaciones originales.

P: En las series como Kimagure Orange Road, Urusei yatsura, Creamy Mami, los personajes principales son chicas. ¿Cómo definiría el personaje de chica guapa?

R: Pues con cara pequeña, ojos grandes y piernas largas (Risas). El término "guapa" es subjetivo. En nuestro estudio abandonamos la temática de robots en favor de temas más cercanos a la vida cotidiana. Así que intentamos dibujar chicas guapas de la calle. Por supuesto, no somos conscientes de si ese tipo de belleza venderá más o no. Al final resulta que sí que vende, pero nosotros no hacemos los personajes pensando exclusivamente en estos términos. Eso sin mencionar que los tiempos cambian y tenemos que adaptarnos.

P: El personaje Lamu de Urusei Yatsura fue el detonante del boom del bishojo, y el pistoletazo de salida en su carrera hacia el éxito y la competencia. ¿Qué puede contarme sobre esto?

R: Aún me estoy preguntando cómo lo hicimos (Risas). Creo que el éxito residió en la edad de los personajes femeninos, cerca de secundaria (ESO). Últimamente la edad ha disminuido, como en Card Captor Sakura que claramente está en Primaria. Se trata de una manera de innovar; en nuestra empresa es un concepto base. Eso y tratar de crear productos que satisfagan a la audiencia, no sólo a nosotros mismos.

P: Aparte de las series bishojo, también tienen series como "Barbapapá" y "Princesa Anmitsu", dirigidas a un público claramente infantil. ¿Qué evolución tiene esta línea de productos?

R: Aunque originalmente la animación está concebida para que la vean los niños, actualmente los padres permiten ver a sus hijos muy pocos productos. Antiguamente los niños volvían de casa y se entretenían viendo la tele a su gusto, pero hoy en día los padres ejercen un control estricto sobre lo que ven sus hijos. Así que hemos tenido que evolucionar hacia un tipo de animación "que los padres permitan ver a sus hijos". (Risas) Que los padres piensen: "esto está bien", y que se lo digan a los otros padres de la escuela o de la guardería, para que lo vean otros niños. También tratamos de crear producciones que sean atractivas para el niño y le hagan pensar, "esto es muy divertido. Vamos a verlo todos (en familia)". Por otro lado, este tipo de animación presenta problemas a la hora de atraer a audiencias de edades más avanzadas.

P: ¿Qué le parecen los juegos de ordenador o videojuegos con formato de historia?

R: Para nosotros lo más importante son las series de televisión. Es cierto que los juegos son un producto interesante... Y que hay casos como los de Pikachu en que un juego de éxito se ha convertido en una serie. Es natural que el sector de la animación tienda a la diversificación.

■■■■■■■■■■■■■■■

Dentro del Estudio Pierrot

P: ¿Los jóvenes tienen alguna oportunidad dentro del mundo del diseño de personajes?

R: En realidad, dentro de la industria de la animación propiamente dicha, no existe el titulo de diseñador de personajes. Todos entran para formar parte del equipo de animación, lo que incluye también diseñar. En nuestra empresa los nuevos y la gente con más experiencia trabajan juntos en presentaciones. Se encargan tanto de los fondos como de los personajes. Trabajando en equipo, los nuevos no se sienten tan presionados en sus primeros trabajos. Por lo general no se dan casos en los que alguien diga que quiere hacer algo y se le diga que no. Se trata de que la presentación salga bien; entonces el director se reúne con los que han trabajado mejor, y se decide quién formará parte del equipo de diseño. Así que sí, creo que hay oportunidades justas para todos.

P: ¿Cuánta gente hay trabajando en dibujo de personajes?

R: Tenemos a 5 personas. Hay otras 4 que se ocupan de la animación (movimiento) y 6 más que hacen las correcciones pertinentes. En realidad, la cantidad de gente trabajando varía en función del trabajo; puede haber equipos de 15 a 30 personas, entre productores, realizadores y todo lo demás.

P: ¿Cuál es el trabajo de los novatos?

R: Trazar líneas. (Risas)

P: ¿Qué edad tiene el más joven del equipo? ¿Cuál es su sueldo?

R: El mas joven tiene 20 años. Está en el departamento de dibujo. Sus primeros 5 meses fueron un periodo de aprendizaje con una remuneración de 75.000 Yenes. Como los gastos de transporte no están incluidos, no es un buen sueldo. Después del periodo de aprendizaje ya se pasa a la categoría de profesional, con sueldos que varían en función del puesto y de la persona. En mi caso, cuando entré en la empresa cobraba 18.000 yenes (Risas). Si no estás de acuerdo, lo mejor es dejarlo. Hay muchos que no aguantan. En el caso de los dibujos clave de animación, se paga a 1.000 yenes la hoja, aunque se trabaja con cantidades de dibujos preestablecidas.

P: Aparte del talento para diseñar, ¿qué considera imprescindible?

R: Gente y diálogo (risas). Gente con energía y que sepa preguntar todo aquello que no entiende. Al principio, sobre todo es importante que sepan pedir ayuda, que cuando topen con algo que no entiendan digan "no lo entiendo". Si no lo hacen por supuesto que no van a encontrar a nadie que les pregunte si todo va bien o no. Sin este tipo de relación no se puede mejorar. Los que están cerrados en sí mismos y no preguntan dan la impresión de que no tienen ganas de mejorar.

P: ¿Tienen algún tipo de proceso de selección?

R: En nuestro estudio hacemos entrevistas. Los candidatos nos traen dibujos, si no son muchos suspenden directamente (risas). Aunque si traen demasiados tampoco sabemos qué hacer con ellos (risas). Normalmente no les solemos hacer dibujar en la entrevista. Ya tendrán tiempo de mostrar su talento durante el periodo de aprendizaje.

P: ¿Qué es lo que más desea el equipo?

R: Pues creo que queremos esforzarnos para mejorar individualmente y al mismo tiempo hacer que la empresa mejore. Es muy difícil vivir sin incentivos personales, así que tratamos que la empresa y los trabajadores tengan una relación que fomente el crecimiento de manera recíproca. A veces no es posible en el marco de nuestro equipo, y entonces es cuando hay gente que se plantea marcharse a otras empresas. No hay problema, siempre y cuando al final sean capaces de decir: "lo he conseguido".

P: Cuénteme cómo es un día de un estudio cualquiera.

R: Pues nuestra jornada es de 10 a 6... Aunque permite cierta flexibilidad. Va en función de lo que queramos conseguir y cómo (risas). En realidad nos tenemos que quedar muchas noches en vela (risas). Sábados, domingos, fiestas... Hay veces que me dan ganas de gritar: "todos los que quieran hacer fiesta que levanten la mano" (risas). En el fondo todos se esfuerzan mucho y se sienten satisfechos con el trabajo bien hecho. O puede que lo hagan simplemente para ganar más...

P: Y para acabar, ¿qué mensaje le gustaría transmitir a los lectores?

R: Un dibujo es algo más que una imagen que te dice lo que tienes que hacer, o que un producto de consumo. En nuestro caso estamos hablando de trabajar duro, de hacer lo que nos gusta para ganar más que un empleado de empresa normal. Al principio no se gana casi nada, y entonces muchos lo dejan. Es entonces cuando hay que ser fuerte. Da igual dónde estés, tienes que sacar la fuerza de tu interior y seguir. Ese es el tipo de personas que este mundo necesita... Ojalá pudiésemos reunir a todas las personas así de distintos lugares para construir un estudio y ayudar a la gente a continuar adelante, para que todos tengamos siempre energía para seguir adelante.

Información sobre el estudio Pierrot:
Nombre de la empresa: Estudio Pierrot Co.
Sede: 2-29-13 Shimorenjaku, Mitaka, Tokio
Tel: 0422-70-6401
Fundación: 7-5-1979
Presidente: Yuuji Fugawa
Actividad: Productor de animación
URL: http://www.pierrot.co.jp/anime-ac/index.html

Empresa asociada: Pierrot Project Co.
(Licencias de personajes para TV)
Horario de trabajo: 10:00-6:00 (flexible)
Sueldo: Tras 5 meses de aprendizaje se cobra en función del trabajo realizado.
Fiestas: Domingos y festivos

Proceso de selección a través de entrevista.

GLOSARIO

A continuación, facilitamos una lista de términos específicos y abreviaturas útiles en el mundo de la animación japonesa.

Bishojo: Chica joven y guapa.
Bishonen: Chico joven y atractivo.
Género *gakuen*:   Historias de colegiales.
Género *shonen ai*: Historias de amor dramáticas entre hombres.
Género *yaoi*:   Parodia en clave homosexual de historias conocidas.
Mecas o *mechas*:   Robots de combate gigantes. Historias que se centran en dicha temática.
OVA: Original Video Anime (animación distribuida directamente en vídeo).
SD: Super Deformed (ridiculización de un personaje mediante la reducción de sus proporciones a tres cabezas o incluso dos).
Shojo manga: Cómics para chicas.